EERSTE EDITIE - Gepubliceerd in 2022

Extra grafisch materiaal van: www.freepik.com
Dank aan: Alekksall, Starline, Pch.vector, Rawpixel.com, Vectorpocket, Dgim-studio, Upklyak, Macrovector, Stockgiu, Pikisuperstar & Freepik.com Designers

Ontdek gratis online spelletjes

Hier verkrijgbaar:

BestActivityBooks.com/FREEGAMES

5 TIPS OM TE BEGINNEN!

1) HOE OP TE LOSSEN

De Puzzels zijn in een Klassiek Formaat:

- Woorden worden verborgen zonder pauzes (geen spaties, streepjes, ...)
- Oriëntatie: Voorwaarts & Achterwaarts, Boven & Beneden of in Diagonaal (kan in beide richtingen)
- Woorden kunnen elkaar overlappen of kruisen

2) ACTIEF LEREN

Naast elk woord is een spatie voorzien om de vertaling te noteren. Om actief te leren vindt u een **WOORDENBOEK** aan het einde van deze editie om uw kennis te controleren en uit te breiden. U kunt elke vertaling opzoeken en opschrijven, de woorden in de puzzel vinden en ze vervolgens aan uw woordenschat toevoegen!

3) TAG JE WOORDEN

Hebt u al geprobeerd een labelsysteem te gebruiken? U zou bijvoorbeeld de woorden die moeilijk te vinden waren kunnen markeren met een kruis, de woorden die u leuk vond met een ster, nieuwe woorden met een driehoek, zeldzame woorden met een ruit enzovoort...

4) ORGANISEER UW LEREN

Wij bieden ook een handig **NOTITIEBOEKJE** aan het eind van deze uitgave. Of u nu op vakantie, op reis of thuis bent, u kunt uw nieuwe kennis gemakkelijk ordenen zonder dat u een tweede notitieboek nodig hebt!

5) AFGESLOTEN?

Ga naar de bonussectie: **FINAAL UITDAGING** om een gratis spel te vinden dat aan het einde van deze editie wordt aangeboden!

Wil je meer leuke en leerzame activiteiten? Het is Snel en Eenvoudig!
Een hele collectie spelboeken slechts **één klik verwijderd!**

Vind uw volgende uitdaging bij:

BestActivityBooks.com/MijnVolgendeBoek

Klaar... Start!

Wist u dat er zo'n 7000 verschillende talen in de wereld zijn? Woorden zijn kostbaar.

We houden van talen en hebben hard gewerkt om de boeken van de hoogste kwaliteit voor u te maken. Onze ingrediënten?

Een selectie van onmisbare leerthema's, drie grote plakken plezier, dan voegen we er een lepel moeilijke woorden en een snuifje zeldzame woorden aan toe. We serveren ze met zorg en een maximum aan verrukking, zodat je de beste woordspelletjes kunt oplossen en veel plezier beleeft aan het leren!

Uw feedback is essentieel. U kunt een actieve bijdrage leveren aan het succes van dit boek door een recensie achter te laten. Vertel ons wat u het meest beviel in deze editie!

Hier is een korte link die u naar uw bestelpagina brengt:

BestBooksActivity.com/Recensies50

Bedankt voor uw hulp en veel plezier met het spel!

Linguas Classics

1 - Metingen

```
M  T  C  C  L  O  I  O  H  T  Y  M  Q  C
Y  I  O  M  N  C  V  O  L  U  M  E  U  O
O  B  N  N  Y  O  I  H  P  P  E  T  I  M
I  J  R  U  E  U  A  I  O  R  M  R  L  P
B  Y  T  E  T  L  L  C  L  O  P  O  O  R
S  J  Q  P  I  O  A  L  E  F  E  M  G  I
H  M  G  G  V  W  R  D  G  U  S  K  R  M
M  A  S  S  A  Q  G  E  A  N  O  G  A  E
X  L  I  T  R  O  U  C  D  D  O  R  M  N
U  T  O  Ç  A  R  I  A  I  G  A  A  T
U  U  T  T  O  A  A  M  B  D  Y  M  P  O
G  R  A  U  H  B  U  A  O  A  Y  A  V  R
S  A  O  I  K  M  F  L  I  D  D  Z  F  Ç
Ç  M  D  C  E  N  T  Í  M  E  T  R  O  U
```

LARGURA	QUILOGRAMA
BYTE	COMPRIMENTO
CENTÍMETRO	LITRO
DECIMAL	MASSA
PROFUNDIDADE	METRO
PESO	MINUTO
GRAU	ONÇA
GRAMA	TONELADA
ALTURA	VOLUME
POLEGADA	

2 - Keuken

```
T  G  R  E  C  E  I  T  A  Ç  K  A  C  P
I  E  Y  S  G  C  U  P  S  W  X  V  H  A
G  L  Z  P  C  U  O  X  K  A  U  E  A  U
E  A  T  O  N  O  A  L  A  Z  Q  N  L  Z
L  D  V  N  Q  C  N  R  H  P  F  T  E  I
A  E  A  J  L  S  J  C  D  E  O  A  I  N
Q  I  G  A  R  F  O  S  H  A  R  L  R  H
G  R  E  L  H  A  K  C  D  A  N  E  A  O
J  A  R  R  O  C  O  M  E  R  O  A  S  S
P  W  E  M  W  W  F  K  K  A  D  J  P  A
E  S  P  E  C  I  A  R  I  A  S  A  L  O
G  B  K  K  U  Y  C  U  K  R  Z  R  R  L
Ç  N  Z  L  K  O  A  F  R  E  E  Z  E  R
I  K  J  S  L  T  S  X  R  V  L  T  F  B
```

CUPS	FORNO
PAUZINHOS	CONCHA
COMER	JAR
GRELHA	RECEITA
CHALEIRA	AVENTAL
GELADEIRA	GUARDANAPO
TIGELA	ESPECIARIAS
JARRO	ESPONJA
COLHERES	GARFOS
FACAS	FREEZER

3 - Boten

```
C A I A Q U E J O E K P F O
D D U W I T C N C A H C J N
C L D G M B O T E Y Q R T N
O F Q W R Ó M Â A I F R R Y
H N Á U T I C O N D A S I S
X B L X F A L E O C N C P M
J P J A A F B O U O O U G
Z N W Y G M A S T R O R L X
F D O C A O L K T E H D A M
Y M M C C R S C A N O A Ç O
C W A B R I A T E H N B Ã T
B F S R D O V E L E I R O O
X T E J A N G A D A B D A R
S Z D U H F S A T B U M J N
```

ÂNCORA	MOTOR
TRIPULAÇÃO	NÁUTICO
BÓIA	OCEANO
DOCA	BOTE
ONDAS	RIO
IATE	CORDA
CAIAQUE	BALSA
CANOA	JANGADA
MASTRO	MAR
LAGO	VELEIRO

4 - Chocolade

```
N U Z B R A Ç Ú C A R P C E
L X D O C E V M C J L F A C
Y U S P I H C A K E N A R O
I D D Z O U D E Y Ç K V A C
V N W D E L I C I O S O M O
E B G A A E P E O T T R E R
D C E R M X D U Z V A I L C
H A X T E A M A R G O T O A
C L Ó E N D O Q C O D O P C
O O T S D W I A R O M A Ó A
M R I A O D O E Ç H G X U U
E I C N I G V F N M L S X Q
R A O A N N A Q C T Y S T S
A S L L S G O S T O E A M I
```

AROMA
ARTESANAL
AMARGO
CACAU
CALORIAS
COMER
EXÓTICO
FAVORITO
DELICIOSO

INGREDIENTE
CARAMELO
COCO
AMENDOINS
PÓ
RECEITA
GOSTO
AÇÚCAR
DOCE

5 - Tijd

```
A  M  I  N  U  T  O  R  J  Ç  B  F  A  R
N  A  K  P  B  V  H  N  O  E  B  I  G  T
U  N  N  C  A  L  E  N  D  Á  R  I  O  P
A  H  H  O  N  T  E  M  F  U  T  U  R  O
L  Ã  O  N  C  H  R  Ç  B  L  V  Q  A  V
W  E  J  O  E  N  L  E  X  N  A  D  N  S
V  G  E  I  D  A  Q  B  L  Ç  N  I  Z  M
H  U  S  T  O  S  Y  Q  B  Ó  L  A  X  E
D  O  A  E  D  E  P  O  I  S  G  P  Q  I
Y  E  R  K  L  M  H  M  Ê  S  Z  I  B  O
D  É  C  A  D  A  E  J  Q  A  X  H  O  D
A  Q  I  C  T  N  D  Ç  D  D  V  U  J  I
Q  M  T  F  J  A  P  X  A  D  O  P  D  A
S  É  C  U  L  O  D  O  D  Y  M  F  B  Z
```

DIA	MINUTO
DÉCADA	DEPOIS
SÉCULO	NOITE
ONTEM	AGORA
ANO	MANHÃ
ANUAL	FUTURO
CALENDÁRIO	HORA
RELÓGIO	HOJE
MÊS	CEDO
MEIO-DIA	SEMANA

6 - Meditatie

```
M  K  Y  T  L  L  A  N  Z  F  O  T  P  G
R  V  X  X  Z  G  T  A  Ç  E  B  G  E  Z
P  E  G  V  Z  T  E  T  J  L  S  M  N  C
A  E  S  D  U  C  N  U  M  I  E  K  S  O
Z  Ç  R  P  M  L  Ç  R  E  C  R  J  A  M
C  O  B  S  I  A  Ã  E  N  I  V  Z  M  P
G  N  V  G  P  R  O  Z  T  D  A  E  E  A
F  R  O  Z  O  E  A  A  A  Ç  M  N  I
S  A  A  O  J  Z  C  N  L  D  Ã  O  T  X
I  C  R  T  U  A  L  T  D  E  O  Ç  O  Ã
O  M  Ú  S  I  C  A  X  I  O  Z  Õ  S  O
M  U  B  O  N  D  A  D  E  V  Y  E  U  H
B  P  Ç  Y  O  Ç  Ã  N  U  K  A  S  V  P
P  O  S  T  U  R  A  O  Ç  Q  Q  P  K  U
```

ATENÇÃO	COMPAIXÃO
RESPIRANDO	MENTAL
GRATIDÃO	MÚSICA
EMOÇÕES	NATUREZA
PENSAMENTOS	OBSERVAÇÃO
FELICIDADE	PERSPECTIVA
CLAREZA	PAZ
POSTURA	BONDADE

7 - Zomer

```
Y  W  M  P  M  L  A  Z  E  R  A  K  S  K
Y  K  R  Ú  N  E  X  D  Y  N  M  P  A  Q
R  S  W  Z  S  A  R  N  T  W  I  R  N  Q
E  L  E  P  V  I  A  G  E  M  G  A  D  K
L  I  V  R  O  S  C  E  U  E  O  I  Á  E
A  L  E  G  R  I  A  A  I  L  S  A  L  T
X  J  X  F  A  M  Í  L  I  A  H  M  I  M
A  A  C  A  M  P  A  M  E  N  T  O  A  A
M  R  A  M  H  C  U  J  N  Y  P  Ç  S  R
E  D  S  Ç  G  T  C  O  T  B  O  Ç  Ç  C
N  I  A  X  F  O  N  G  V  R  V  H  Y  F
T  M  U  C  C  F  N  O  Z  I  E  P  D  N
O  A  A  S  R  C  E  S  T  R  E  L  A  S
R  Y  C  I  B  Z  U  B  C  A  W  W  Ç  X
```

LIVROS

MERGULHO

FAMÍLIA

JOGOS

CASA

ACAMPAMENTO

MÚSICA

RELAXAMENTO

VIAGEM

SANDÁLIAS

ESTRELAS

PRAIA

JARDIM

ALEGRIA

AMIGOS

LAZER

MAR

8 - Vogels

```
P  Y  B  H  C  W  C  M  P  O  M  B  O  P
A  I  P  A  V  Ã  O  I  E  C  V  R  H  F
R  E  N  O  X  T  R  A  L  E  F  O  U  L
D  K  T  G  T  U  P  I  G  X  C  V  A
A  G  H  S  U  R  J  A  C  O  U  O  R  M
L  A  G  P  C  I  A  P  A  N  N  R  N  I
E  R  A  X  A  U  M  A  N  H  V  V  M  N
O  Ç  I  C  N  N  J  G  O  A  H  O  K  G
W  A  V  U  O  F  R  A  N  G  O  D  M  O
M  J  O  C  K  N  C  I  S  N  E  R  Q  F
P  R  T  O  U  P  W  O  P  Q  D  V  X  D
Q  A  A  U  I  L  A  V  E  S  T  R  U  Z
O  Z  H  F  G  O  V  T  P  G  A  N  S  O
V  X  G  B  N  Y  L  O  O  A  R  G  A  F
```

POMBO	CEGONHA
PATO	PAPAGAIO
OVO	PAVÃO
FLAMINGO	PELICANO
GANSO	PINGUIM
FRANGO	GARÇA
CUCO	AVESTRUZ
CORVO	TUCANO
GAIVOTA	CORUJA
PARDAL	CISNE

9 - Behoud

```
N F C F H O X L L P C V P S
B Q I G C R E D U Z I R E U
M U C B N G U K U J F X S S
A V L X T Â H A B I T A T T
V M O Ç H N Y R F A G B I E
E O B Ç Z I R E N Y P B C N
R C L I S C J C A E O J I T
D E L U E O U I T D L M D Á
E H S I N N K C U U U D A V
Q B A Ç M T T L R C I M Q E
W B Ú F Y A Á A A A Ç K S L
Y O D Y Z C O R L Ç Ã X C F
F J E Á G U A P I Ã O Q Ç E
N D O T S L B W G O X Ç L D
```

SUSTENTÁVEL   EDUCAÇÃO
CICLO   ORGÂNICO
SAÚDE   PESTICIDA
VERDE   RECICLAR
HABITAT   REDUZIR
CLIMA   POLUIÇÃO
AMBIENTAL   VOLUNTÁRIO
NATURAL   ÁGUA

10 - Wiskunde

```
P E R Í M E T R O F P F G N
T A X J N X Y D M R E P E T
R E R M T L Â I Q A R O O G
I Q E A D H N V I Ç P L M O
Â U T V L Y G I Q Ã E Í E K
N A Â O S E U S U O N G T E
G Ç N L N D L Ã A H D O R X
U Ã G U F I O O D D I N I P
L O U M H Â S W R W C O A O
O Y L E I M F D A J U W U E
O N O E C E Q D D K L Y G N
Ç H D R F T B S O M A Y I T
S I M E T R I A K N R H R E
Z T R Z W O D E C I M A L T
```

DECIMAL   PERÍMETRO
DIÂMETRO   PARALELO
DIVISÃO   RETÂNGULO
TRIÂNGULO   SOMA
EXPOENTE   SIMETRIA
FRAÇÃO   POLÍGONO
GEOMETRIA   EQUAÇÃO
ÂNGULOS   QUADRADO
PERPENDICULAR   VOLUME

11 - Camping

```
N A T U R E Z A N I M A I S
C A N O A C Ç H T I C S Z X
C O R D A V O E E N A D X Z
F L O R E S T A N S Ç R Z L
O A H Z I P Á B D E A L C C
G G Q V X R R Ç A T R C C R
O O K H S F V F L O A H A M
K L B Ú S S O L A U V A B E
P D U F M H R T N U E P I M
Z Z D A L H E S T M N É N W
A C X O W M S O E H T U E K
X E V D H A A K R E U U K W
A Z Z Y G P X C N R R Ç U B
C M O N T A N H A Y A P V M
```

AVENTURA	CAÇA
MONTANHA	MAPA
ÁRVORES	CANOA
FLORESTA	BÚSSOLA
FOGO	LANTERNA
CABINE	LUA
ANIMAIS	LAGO
MACA	NATUREZA
CHAPÉU	TENDA
INSETO	CORDA

12 - Activiteiten

```
I O M L O W B E T C E U R C
Z N Ç H D P G A P P A H U E
F O T O G R A F I A T C L R
H K E Y A V F N V I A A Â
A R H Y R Z W A T A V R F M
B J A X A E J N U R I T D I
I K M N L R S W R T D E A C
L J O G O S B S A E A S Z A
I J M Z Z N V E E L D A P I
D L E N D O Ç M V S E N E Z
A J A R D I N A G E M A S X
D R E Z X R K W H O G T C R
E K L X E E J F I V K O A L
B N P E H R M A G I A G O S
```

ATIVIDADE
ARTESANATO
INTERESSES
FOTOGRAFIA
JOGOS
PESCA
CACA
CERÂMICA

ARTE
LENDO
MAGIA
PRAZER
PINTURA
JARDINAGEM
HABILIDADE
LAZER

13 - Vormen

```
G B N O L P Q I W B Z H Q F
H Z J V Ç A R C H S E I C R
B C W A N J D I D K G P U I
D C P L Ç M U O S Z V É R L
T R I Â N G U L O M D R V K
O E R L S K H I M W A B A Y
Z T Â R I H D N M Q C O N E
Y Â M X O N U H L Z L L X U
D N I P F S D A N Ç W E Y L
A G D T Z C Í R C U L O D Z
Ç U E S F E R A O A R C O E
Y L Y O Q U M C U B O L B P
P O L Í G O N O S L N Y H X
C A N T O Q U A D R A D O Z
```

ESFERA	CONE
ARCO	CUBO
CILINDRO	LINHA
CÍRCULO	OVAL
CURVA	PIRÂMIDE
TRIÂNGULO	PRISMA
CANTO	RETÂNGULO
HIPÉRBOLE	POLÍGONO
LADO	QUADRADO

14 - Astronomie

```
A S T R Ô N O M O Q O N Ç C
F O G U E T E Ç K K B S J O
N E B U L O S A X U S H Y N
Y O Q F Q V C C O M E T A S
K C G U R X C I E Q R T U T
G R A V I D A D E T V E N E
A S T R O N A U T A A R I L
R A S T E R Ó I D E T R V A
E S T R E L A C U Y Ó A E Ç
R A D I A Ç Ã O I K R G R Ã
C O S M O S X D W O I I S O
T E L E S C Ó P I O O L O D
S A T É L I T E W M J T U N
P L A N E T A O E Z F T I A
```

TERRA
ASTERÓIDE
ASTRONAUTA
ASTRÔNOMO
EQUINÓCIO
COMETA
COSMOS
LUA
NEBULOSA
OBSERVATÓRIO

PLANETA
FOGUETE
SATÉLITE
ESTRELA
CONSTELAÇÃO
RADIAÇÃO
TELESCÓPIO
UNIVERSO
GRAVIDADE

15 - Emoties

```
T G M I S J S J E T S K W Z
O R O C Q H H I N R A I V A
K A I Y X U P Y V A T M Q E
B T C S T P K L E N I N M D
A O J Z T T Z R R Q S N Q W
G L N X B E N E G U F O T B
P M E D O T Z L O I E C E W
Q Ç F G A É R A N L I A R S
O E M X R D Z X H I T L N P
N P S G K I E A A D O M U A
E A I T M O A D D A M O R Z
A N I M A D O O O D K G A R
C O N T E Ú D O J E I W V Ç
V K L S I M P A T I A N W V
```

MEDO	TRANQUILIDADE
ENVERGONHADO	SIMPATIA
GRATO	TERNURA
TRISTEZA	SATISFEITO
CONTEÚDO	TÉDIO
CALMO	PAZ
AMOR	ALEGRIA
RELAXADO	BONDADE
ANIMADO	RAIVA

16 - Vakantie #2

```
R E S E R V A S V I S T O P
E S T R A N G E I R O N O A
M A R U D Ç R T E N D A H S
R E S T A U R A N T E J O S
L L X L R Y F I U L S M T A
T R A N S P O R T E T O E P
V F P F E R I A D O I N L O
S A A C A M P A M E N T O R
P V A E R O P O R T O A C T
J R I E H T L A Z E R N O E
V V A A I I Á I L H A H L I
N W Ç I G C G X V O X A U S
I N C H A E Z M I E N S X H
Z W P V V K M A P A Q T L P
```

MONTANHAS	RESERVAS
DESTINO	RESTAURANTE
ESTRANGEIRO	PRAIA
ILHA	TÁXI
HOTEL	TENDA
MAPA	FERIADO
ACAMPAMENTO	TRANSPORTE
AEROPORTO	VISTO
PASSAPORTE	LAZER
VIAGEM	MAR

17 - Weersomstandigheden

```
Y  H  S  W  J  T  L  N  M  I  J  I  P  C
K  T  E  A  A  I  A  P  O  N  R  N  O  Ç
D  T  C  Q  T  I  O  N  N  T  Ç  U  L  K
X  E  A  T  M  R  E  M  Ç  G  I  N  A  E
Ú  M  I  D  O  S  O  W  Ã  P  R  D  R  H
F  P  N  F  S  O  U  P  O  M  P  A  A  W
U  E  U  U  F  L  C  L  I  M  A  Ç  E  N
R  R  V  V  E  N  T  O  I  C  H  Ã  S  E
A  A  E  F  R  Y  D  Q  M  S  A  O  S  V
C  T  M  J  A  S  S  T  O  G  E  L  O  O
Ã  U  R  E  L  Â  M  P  A  G  O  Y  N  E
O  R  Y  A  R  C  O  Í  R  I  S  X  S  I
V  A  Y  K  X  É  T  O  R  N  A  D  O  R
F  X  D  B  T  U  T  R  O  V  Ã  O  N  O
```

ATMOSFERA	INUNDAÇÃO
RELÂMPAGO	POLAR
TROVÃO	ARCO-ÍRIS
SECA	TEMPERATURA
CÉU	TORNADO
GELO	TROPICAL
CLIMA	ÚMIDO
NEVOEIRO	VENTO
MONÇÃO	NUVEM
FURACÃO	

18 - Strand

```
B A R C O H P A A M T V W J
O J R V B I Ç M J S A J D M
Y V D E J I A W U C R R S D
K C B L I R T D Y A J B S S
P A G E L A X O C E A N O A
R R L I H Z L C A U B E L N
C A F R A U Y A V L S D A D
J N J O Ç L F W Y D H R G Á
H G U A R D A C H U V A O L
V U R E C I F E B O W M A I
T E P J O Y U Q H D Z U V A
O J E U S L L L O G F C Q S
Ç O M H T Q D E V P G T X J
V K E Y A R Z Ç O Q X H Ç X
```

AZUL
BARCO
DOCA
ILHA
TOALHA
CARANGUEJO
COSTA
LAGOA

OCEANO
GUARDA-CHUVA
RECIFE
SANDÁLIAS
AREIA
MAR
VELEIRO
SOL

19 - Eten #2

```
I  O  G  U  R  T  E  Q  Ç  F  K  B  D  G
P  T  O  M  A  T  E  U  J  R  F  F  I  I
J  J  V  H  Y  S  H  E  W  A  A  M  J  S
D  B  O  U  R  U  S  I  H  N  S  Y  Z  P
G  X  F  V  B  F  G  J  R  G  P  N  L  H
G  T  U  V  A  R  R  O  Z  O  A  D  B  Ç
Y  P  R  E  S  U  N  T  O  P  R  U  R  Y
Y  E  X  I  G  P  Ê  S  S  E  G  O  Ó  A
C  I  V  Q  G  Ã  P  K  V  I  O  U  C  M
Q  X  X  K  F  O  I  X  I  Ç  X  X  O  Ê
Ç  E  M  A  Ç  Ã  V  X  T  W  L  W  L  N
V  W  J  H  A  B  A  C  A  X  I  C  I  D
B  E  R  I  N  G  E  L  A  L  O  B  S  O
H  Y  Q  B  A  N  A  N  A  Z  O  H  Q  A
```

AMÊNDOA	PRESUNTO
ABACAXI	QUEIJO
MAÇÃ	FRANGO
ASPARGO	KIWI
BERINGELA	PÊSSEGO
BANANA	ARROZ
BRÓCOLIS	TRIGO
PÃO	TOMATE
UVA	PEIXE
OVO	IOGURTE

20 - Klimmen

```
F O P C M K M R H L S H Ç A
Í D O E A K L A G U I A S T
S D N S P P E N T V Ç E C M
I I I P A Q A U T A X U U O
C C S E S W F C L S L S R S
O A W C H N M S E E U Y I F
O V E I O B Q M Y T Z F O E
D E S A F I O S H O E O S R
D R T L Q X I T P E I R I A
S N R I N B B I A K M Ç D H
L A E S A L M Z B S I A A Ç
P Ç I T T E R R E N O V D U
E S T A B I L I D A D E E Ç
Q X O X A A L T I T U D E W
```

ATMOSFERA
ESPECIALISTA
FÍSICO
GUIAS
CAVERNA
LUVAS
CAPACETE
ALTITUDE

MAPA
FORÇA
BOTAS
CURIOSIDADE
ESTREITO
ESTABILIDADE
TERRENO
DESAFIOS

21 - Restaurant #1

```
P  Ã  O  A  J  Z  S  C  A  R  N  E  C  D
L  I  W  V  U  B  K  O  O  E  L  P  A  J
A  S  C  Z  S  D  U  M  P  Z  D  C  I  P
C  O  F  A  C  A  D  E  B  A  I  M  X  N
A  B  R  S  N  Y  I  R  R  U  L  N  A  N
G  R  A  T  A  T  T  I  G  E  L  A  H  G
M  E  N  U  L  R  E  Y  J  A  F  Q  Ç  A
O  M  G  L  E  K  E  C  A  F  É  D  K  R
L  E  O  U  R  T  I  S  I  H  X  Y  N  Ç
H  S  L  Z  G  O  Q  S  E  W  J  G  F  O
O  A  U  S  I  L  A  Y  K  R  H  J  J  N
U  S  P  U  A  B  C  H  T  S  V  M  R  E
G  U  A  R  D  A  N  A  P  O  Q  A  R  T
I  N  G  R  E  D  I  E  N  T  E  S  G  E
```

ALERGIA	MENU
PLACA	FACA
PÃO	PICANTE
COMER	RESERVA
INGREDIENTES	MOLHO
CAIXA	GARÇONETE
COZINHA	GUARDANAPO
FRANGO	SOBREMESA
CAFÉ	CARNE
TIGELA	

22 - Geologie

```
N E X C H H G S T T Ç C C Q
L S V O G O T T S F C R J Y
C T P R V E F F U N D I D O
E A B A Q U Y M E Y O S V S
R L V L R Ç L S H L G T A R
O A F E Z R J C E P L A T Ô
S C Ó C R Z N T Ã R Ç I S H
Ã T S Á P N U A S O Ç S V N
O I S L E S A Q U A R T Z O
D T I C D A I T A X Á X O P
N E L I R L T Z O Z C R N K
L K L O A L A V A A I I A T
C A M A D A X A P K D Z N N
C O N T I N E N T E O H L Y
```

CÁLCIO

CONTINENTE

EROSÃO

FÓSSIL

GEYSER

FUNDIDO

CAVERNA

CORAL

CRISTAIS

QUARTZO

CAMADA

LAVA

PLATÔ

ESTALACTITE

PEDRA

VULCÃO

ZONA

SAL

ÁCIDO

23 - Specerijen

```
A N O Z M O S C A D A C G B
M C A R D A M O M O N A E A
A F E N O G R E G O G N N U
R R O A W G A C P G E E G N
G I U R T J L R S L R L I I
O D Q E L C H A Q X I A B L
R O K Z O R O V Ç H Q P R H
C C O E N T R O A A B Á E A
C E S A B O R S N J F P N Q
U A B B A J U A I C U R V G
J L R O S Y G L S H N I Ã P
R O P I L S I U G M C C G O
K W W E L A S E Q Q H A U U
B H C O M I N H O R O M L C
```

ANIS
AMARGO
FENO-GREGO
GENGIBRE
CANELA
CARDAMOMO
CARIL
ALHO
COMINHO
COENTRO

CRAVO
NOZ-MOSCADA
PÁPRICA
AÇAFRÃO
SABOR
CEBOLA
BAUNILHA
FUNCHO
DOCE
SAL

24 - Groenten

```
P D F V B S Ç A P B J A G T
G O E G E N G I B R E B B T
L L S X Y I Z P Q E D Ó R S
P I R Q C E B O L A I B Ó C
E V I B I O K S U H G O C E
S A L S A L V J A R N R O N
P O N C O G U M E L O A L O
I N Ç H A L H O Y M A Z I U
N O R A B A N E T E Q D S R
A W E L B E R I N G E L A A
F V D O E R V I L H A R Y J
R J Ç T O M A T E N A B O V
E G E A L C A C H O F R A U
P E P I N O F Ç H Z L O B I
```

ALCACHOFRA	ABÓBORA
BERINGELA	NABO
BRÓCOLIS	RABANETE
ERVILHA	SALADA
GENGIBRE	AIPO
ALHO	CHALOTA
PEPINO	ESPINAFRE
OLIVA	TOMATE
COGUMELO	CEBOLA
SALSA	CENOURA

25 - Dans

```
P  E  Z  X  L  Q  J  E  C  O  R  P  O  T
O  R  R  A  C  A  D  E  M  I  A  V  A  R
S  P  L  E  J  H  K  P  I  O  O  Ç  C  A
T  P  P  X  Q  M  O  I  I  M  Ç  B  N  D
U  A  C  P  E  N  S  A  I  O  M  Ã  G  I
R  R  L  R  A  R  T  E  Ç  V  Ú  T  O  C
A  C  Á  E  Z  J  Ç  C  F  I  S  N  E  I
S  E  S  S  G  N  Q  U  K  M  I  X  K  O
A  I  S  S  R  R  P  L  B  E  C  O  C  N
L  R  I  I  A  I  E  T  Y  N  A  T  L  A
T  O  C  V  Ç  T  C  U  L  T  U  R  A  L
A  Q  O  O  A  M  E  R  O  O  Z  C  G  P
R  R  O  O  F  O  F  A  V  I  S  U  A  L
T  B  G  K  H  Q  I  L  Q  J  I  F  S  J
```

ACADEMIA
MOVIMENTO
ALEGRE
CULTURAL
CULTURA
EMOÇÃO
EXPRESSIVO
GRAÇA
POSTURA
CLÁSSICO

ARTE
CORPO
MÚSICA
PARCEIRO
ENSAIO
RITMO
SALTAR
TRADICIONAL
VISUAL

26 - Sport

```
G C E Ç R P A Y H U T X B J
I A Q P B T J H V Y R S A O
N M U J M W Ê Q A Q E M S G
Á P I D I G I N Á S I O Q O
S E P O A L Ç V I Z N V U H
T O E H Ó Q U E I S A I E G
I N A T L E T A S D D M T A
C A K D S B Q T G Á O E E N
A T U J O G A D O R R N U H
K O N O N O T J L B X T X A
B I C I C L E T A I M O S D
K D Q N N F K E S T Á D I O
Y B E I S E B O L R Ç V G R
I Z P O Z Y L U Z O E M D M
```

ATLETA	CAMPEONATO
BASQUETE	ÁRBITRO
MOVIMENTO	JOGO
BICICLETA	JOGADOR
GOLFE	ESTÁDIO
GINÁSIO	EQUIPE
GINÁSTICA	TÊNIS
HÓQUEI	TREINADOR
BEISEBOL	GANHADOR

27 - Mythologie

```
H F N L R I V H T U M L M G
F E D E S A S T R E O A O U
O L R R A G I E O Z R B N E
R V K Ó E R K D V W T I S R
Ç K Q I I L Q Ç Ã U A R T R
A Z O E T S Â U O V L I R E
L Z Z G Ç S L M É R S N O I
E H E R O Í N A P T Ç T Z R
N C U L T U R A I A I O H O
D É M Q P J L E K B G P Y R
A U A A C R I A Ç Ã O O O X
C I Ú M E S V I N G A N Ç A
I M O R T A L I D A D E P M
G F C R I A T U R A T Q T I
```

ARQUÉTIPO
RELÂMPAGO
CRIAÇÃO
CULTURA
TROVÃO
LABIRINTO
HERÓI
HEROÍNA
CÉU
CIÚMES

FORÇA
GUERREIRO
LENDA
MONSTRO
IMORTALIDADE
DESASTRE
MORTAL
CRIATURA
VINGANÇA

28 - Eten #1

```
Y P M S M A N J E R I C Ã O
V H M O Ç Ú C A R C A W G
S O P A R L T C P D E H D I
A A Q Z C A A L E I T E E C
L L R J Z J N D D Q W S S E
L H Y R S O I G A J U O P N
I O C E B O L A O R W A I O
M I A T O X X M A U E D N U
Ã L N P C Q C E V A D A A R
O S E E A H A N S M O M F A
H S L R Ç R R D S N L A R K
E Ç A A B C N O G U Ç S E M
U D B G D A E I F W C C J L
H R M I A T U M Q S U O S P
```

MORANGO	SALADA
DAMASCO	SUCO
MANJERICÃO	SOPA
LIMÃO	ESPINAFRE
CEVADA	AÇÚCAR
CANELA	ATUM
ALHO	CEBOLA
LEITE	CARNE
PERA	CENOURA
AMENDOIM	SAL

29 - Avontuur

```
S  B  E  L  E  Z  A  T  B  S  M  D  D  N
U  A  M  I  G  O  S  R  R  E  L  I  E  O
R  A  L  E  G  R  I  A  A  G  V  F  S  V
P  E  R  I  G  O  S  O  V  U  I  I  T  O
R  Y  N  T  H  M  Y  J  U  R  A  C  I  K
E  X  C  U  R  S  Ã  O  R  A  G  U  N  Y
E  C  H  A  N  C  E  J  A  N  E  L  O  D
N  A  V  E  G  A  Ç  Ã  O  Ç  N  D  B  E
D  N  A  T  U  R  E  Z  A  A  S  A  I  S
E  P  R  E  P  A  R  A  Ç  Ã  O  D  U  A
N  A  T  I  V  I  D  A  D  E  Q  E  F  F
T  C  Y  C  X  N  L  M  O  X  F  L  B  I
E  I  M  V  E  N  T  U  S  I  A  S  M  O
A  Q  I  N  C  O  M  U  M  I  J  H  P  S
```

ATIVIDADE	NOVO
DESTINO	INCOMUM
ENTUSIASMO	VIAGENS
EXCURSÃO	BELEZA
PERIGOSO	DESAFIOS
CHANCE	SEGURANÇA
BRAVURA	SURPREENDENTE
DIFICULDADE	PREPARAÇÃO
NATUREZA	ALEGRIA
NAVEGAÇÃO	AMIGOS

30 - Circus

```
M M T P W M W Y V V O F Z F
Á Ú A R D E S F I L E S R Z
G J S C A S R N B C Z M V F
I A B I A J B P A L H A Ç O
C R B S C C E T L A E N T E
O N B V X A O R Õ C L M E S
A N I M A I S U E R E D N P
I W L A L G I Q S O F O D E
A I H G E F U U B B A C A C
V N E I Ã E A E L A N E I T
P F T A O O C A F T T D D A
C I E T I G R E D A E Z M D
M A L A B A R I S T A Q R O
N G U V J Z E N T R E T E R
```

MACACO	MAGIA
ACROBATA	MÚSICA
BALÕES	ELEFANTE
PALHAÇO	DESFILE
ANIMAIS	DOCE
MÁGICO	TENDA
MALABARISTA	TIGRE
BILHETE	ESPECTADOR
TRAJE	TRUQUE
LEÃO	ENTRETER

31 - Restaurant #2

```
C  B  J  M  D  O  B  J  A  J  S  C  C  E
K  M  J  U  I  E  V  S  D  G  E  L  O  S
B  E  B  I  D  A  L  O  Z  Y  V  E  L  P
G  N  F  C  S  J  B  I  B  Q  J  G  H  E
A  N  I  G  O  A  O  L  C  V  P  U  E  C
R  P  B  Á  P  N  L  C  F  I  A  M  R  I
Ç  P  E  G  A  T  O  A  H  U  O  E  O  A
O  F  R  U  T  A  P  D  D  Z  L  S  U  R
M  J  I  A  E  R  A  E  G  A  R  F  O  I
Ç  G  G  L  L  X  I  I  L  G  U  O  M  A
C  K  Y  M  I  I  H  R  K  F  Y  T  C  S
K  T  C  O  U  A  M  A  C  A  R  R  Ã  O
I  F  I  Ç  P  Ç  S  A  L  P  E  I  X  E
D  T  I  O  B  S  B  Ç  U  M  O  J  X  O
```

BOLO	MACARRÃO
JANTAR	GARÇOM
BEBIDA	SALADA
OVO	SOPA
FRUTA	ESPECIARIAS
LEGUMES	CADEIRA
DELICIOSO	PEIXE
GELO	GARFO
COLHER	ÁGUA
ALMOÇO	SAL

32 - Bijen

```
Y  D  P  J  P  Y  G  C  U  F  I  Q  T  C
N  I  H  Ó  A  P  L  P  R  L  R  F  X  T
P  V  Y  A  L  C  Q  Y  Ç  O  E  U  F  J
U  E  Ç  F  Z  E  I  P  S  R  I  V  T  H
K  R  T  L  M  B  N  Ç  Q  C  M  E  L  A
F  S  O  O  U  P  S  T  S  K  E  V  K  B
U  I  D  R  P  R  E  H  J  M  F  R  J  I
M  D  U  E  M  C  T  Q  I  L  S  A  A  T
A  A  B  S  Y  Z  O  F  O  D  L  I  R  A
Ç  D  B  E  N  É  F  I  C  O  U  N  D  T
A  E  P  L  A  N  T  A  S  Ç  C  H  I  B
S  E  C  O  S  S  I  S  T  E  M  A  M  V
A  E  N  X  A  M  E  G  S  S  W  K  M  H
S  G  S  E  S  O  L  C  O  L  M  E  I  A
```

COLMEIA	PLANTAS
FLORES	FUMAÇA
FLOR	PÓLEN
DIVERSIDADE	JARDIM
ECOSSISTEMA	ASAS
FRUTA	BENÉFICO
HABITAT	CERA
MEL	SOL
INSETO	ENXAME
RAINHA	

33 - School #1

```
R A M B I B L I O T E C A K
E P A P E L Á N U C E A A H
S R R L L J P Ú T K X N D W
P E C I M B I M E S A E Ç X
O N A V T O S E Y O M T C Q
S D D R F R Ç R B I E A N S
T E O O B P R O F E S S O R
A R R S X C Y S P J J M T M
S G E P M A T E M Á T I C A
E C S F A L F A B E T O I T
A M I G O S O S Q E N T Ç N
R T Q U E S T I O N Á R I O
Q D C B V G C A D E I R A Q
Ç X Z P I H G N S J R Ç R F
```

ALFABETO
RESPOSTAS
BIBLIOTECA
LIVROS
MESA
NÚMEROS
EXAMES
PROFESSOR
APRENDER
ALMOÇO

PASTAS
MARCADORES
PAPEL
CANETAS
LÁPIS
QUESTIONÁRIO
CADEIRA
AMIGOS
MATEMÁTICA

34 - Wandelen

```
S  E  L  V  A  G  E  M  A  B  V  Y  O  T
P  E  N  H  A  S  C  O  Z  Z  O  Q  K  I
M  E  E  P  L  O  Ç  O  O  T  P  T  C  X
A  P  D  A  G  L  P  E  S  A  D  O  A  A
P  E  Z  R  N  I  G  Y  O  S  G  P  N  S
A  R  Y  Q  A  N  I  M  A  I  S  Z  S  C
F  I  F  U  T  S  C  L  I  M  A  M  A  Q
I  G  W  E  U  Z  K  W  X  Á  N  O  D  M
D  O  I  S  R  W  X  I  K  G  C  N  O  R
Q  S  O  S  E  M  O  S  Q  U  I  T  O  S
V  I  K  Ç  Z  Y  A  S  T  A  O  A  W  C
C  U  M  E  A  B  L  Z  G  M  Ç  N  N  O
P  R  E  P  A  R  A  Ç  Ã  O  W  H  B  H
A  C  A  M  P  A  M  E  N  T  O  A  R  K
```

MONTANHA	NATUREZA
ANIMAIS	PARQUES
PERIGOS	PEDRAS
MAPA	CUME
ACAMPAMENTO	PREPARAÇÃO
PENHASCO	ÁGUA
CLIMA	SELVAGEM
BOTAS	SOL
CANSADO	PESADO
MOSQUITOS	

35 - Ecologie

```
Z  J  P  S  E  C  A  F  G  O  N  C  A  D
G  W  Â  L  M  C  F  L  L  S  A  O  E  I
X  S  N  Y  A  F  L  O  O  U  T  M  S  V
O  C  T  E  R  N  X  R  B  S  U  U  P  E
Z  K  A  G  I  A  T  A  A  T  R  N  É  R
F  J  N  Ç  N  T  D  A  L  E  E  I  C  S
Ç  M  O  W  H  U  S  Z  S  N  Z  D  I  I
V  T  W  Q  O  R  M  J  B  T  A  A  E  D
V  E  G  E  T  A  Ç  Ã  O  Á  C  D  S  A
M  L  X  R  P  L  G  S  I  V  K  E  J  D
H  L  F  A  U  N  A  Q  M  E  T  S  K  E
H  A  B  I  T  A  T  A  R  L  V  T  E  Ç
S  O  B  R  E  V  I  V  Ê  N  C  I  A  N
V  A  R  I  E  D  A  D  E  C  L  I  M  A
```

DIVERSIDADE	MARINHO
SECA	PÂNTANO
SUSTENTÁVEL	NATUREZA
FAUNA	NATURAL
FLORA	SOBREVIVÊNCIA
COMUNIDADES	PLANTAS
GLOBAL	ESPÉCIES
HABITAT	VARIEDADE
CLIMA	VEGETAÇÃO

36 - Installaties

```
J F N W J Ç U L F W G C Q L
H Á R V O R E B C F L O R A
F E R T I L I Z A N T E A F
X G R A M A T T C M E L R L
V G N A Y P W L T V B R B O
E F E I J Ã O J O O A U U R
G Y E D J Z O O J F G F S E
E B O T Â N I C A O A O T S
T R M D F I H X R L G L O T
A A V E L A Q Y D H H H R A
Ç I V A O S E Ç I A A A M W
Ã Z J L R L R L M U S G O T
O D I F U L Z D T R F E Q V
B B U X M A L Ç Y R Q M X Z
```

BAMBU
BAGA
FOLHA
FLOR
ÁRVORE
FEIJÃO
FLORESTA
CACTO
FLORA
FOLHAGEM

GRAMA
HERA
ERVA
FERTILIZANTE
MUSGO
BOTÂNICA
ARBUSTO
JARDIM
VEGETAÇÃO
RAIZ

37 - School #2

```
E M X O T O F L P Z M D P S
D C A L E N D Á R I O P A A
U O A Ô G A V P O M C A P P
C M P N Z T W I F A H C E A
A P A I E U W S E T I B L T
Ç U G B T T B G S E L I I O
Ã T A U T M A V S M A B V S
O A D S D E S S O Á J L R P
I D O U D Z K D R T M I O W
Ç O R A C A D Ê M I C O S H
G R A M Á T I C A C C T X Z
T E S O U R A N Z A C E Y C
P B B K S F N C I Ê N C I A
L I T E R A T U R A Z A U I
```

ACADÊMICO	EDUCAÇÃO
BIBLIOTECA	PAPEL
LIVROS	CANETAS
ÔNIBUS	LÁPIS
COMPUTADOR	MOCHILA
APAGADOR	TESOURA
GRAMÁTICA	SAPATOS
CALENDÁRIO	CIÊNCIA
PROFESSOR	MATEMÁTICA
LITERATURA	

38 - Oceaan

```
T  P  B  A  K  M  E  D  U  S  A  B  S  T
A  A  L  G  A  B  Ç  N  Ç  H  T  R  Q  U
R  P  Q  M  U  C  V  C  G  Q  U  J  B  B
T  O  C  A  M  A  R  Ã  O  U  M  E  A  A
A  L  S  R  A  R  Y  T  P  Q  I  Z  R  R
R  V  D  É  Ç  A  A  E  M  E  U  A  C  Ã
U  O  B  S  G  N  J  M  K  W  I  W  O  O
G  S  S  A  O  G  I  P  E  R  G  X  X  Ç
A  T  A  Z  L  U  G  E  J  C  N  X  E  R
J  R  L  R  F  E  E  S  P  O  N  J  A  E
X  A  S  G  I  J  I  T  I  R  M  H  V  C
Y  E  N  K  N  O  P  A  X  A  P  S  J  I
X  K  Z  S  H  Y  X  D  Ç  L  Z  G  I  F
I  S  K  R  O  G  I  E  V  U  U  L  H  E
```

ENGUIA	POLVO
ALGA	OSTRA
BARCO	RECIFE
GOLFINHO	TARTARUGA
CAMARÃO	ESPONJA
MARÉS	TEMPESTADE
TUBARÃO	ATUM
CORAL	PEIXE
CARANGUEJO	BALEIA
MEDUSA	SAL

39 - Landen #2

```
L  S  R  A  A  N  I  G  É  R  I  A  J  U
Í  Í  L  Y  Z  V  E  C  P  P  U  Ç  Ç  G
B  R  G  X  I  I  N  P  G  R  É  C  I  A
A  I  W  V  G  H  E  L  A  X  F  N  H  N
N  A  E  T  I  Ó  P  I  A  L  R  B  R  D
O  Q  J  A  P  Ã  O  B  T  Q  A  N  Ú  A
W  J  U  Y  N  C  M  É  V  I  N  O  S  M
Y  X  E  Ê  T  H  N  R  B  R  Ç  Y  S  É
I  N  D  O  N  É  S  I  A  L  A  X  I  X
G  Y  T  W  D  I  N  A  M  A  R  C  A  I
S  O  M  Á  L  I  A  H  H  N  T  V  X  C
M  A  L  Á  S  I  A  N  B  D  X  I  P  O
U  C  R  Â  N  I  A  B  I  A  N  Y  R  V
Ç  D  N  Ç  K  I  S  U  I  K  M  N  B  S
```

DINAMARCA
ETIÓPIA
FRANÇA
GRÉCIA
IRLANDA
INDONÉSIA
JAPÃO
QUÊNIA
LAOS
LÍBANO

LIBÉRIA
MALÁSIA
MÉXICO
NEPAL
NIGÉRIA
UGANDA
UCRÂNIA
RÚSSIA
SOMÁLIA
SÍRIA

40 - Bloemen

```
C P A P M A G N Ó L I A B R
G A U E G I R A S S O L U V
M H K Ô G A R D Ê N I A Q C
H L K N A R C I S O N A U L
P I N I O R Q U Í D E A Ê O
É L B A Ç T U L I P A E Ç V
T Á D I F T B A F L Í R I O
A S X H S D C V J A S M I M
L J N O K C Q A W T D X G T
A C X D N M O N F Ç R O S A
P A P O U L A D Z F Y E Ç S
K X V M A R G A R I D A V V
M D E N T E D E L E Ã O N O
F M W Ç P L U M E R I A I R
```

PÉTALA   MAGNÓLIA
BUQUÊ   NARCISO
GARDÊNIA   ORQUÍDEA
HIBISCO   DENTE-DE-LEÃO
JASMIM   PAPOULA
TREVO   PEÔNIA
LAVANDA   PLUMERIA
LÍRIO   ROSA
LILÁS   TULIPA
MARGARIDA   GIRASSOL

41 - Huisdieren

```
C  G  C  O  E  L  H  O  X  W  Ç  N  K  M
P  A  P  A  G  A  I  O  Z  C  H  A  Q  H
M  T  C  N  C  A  A  P  V  L  U  C  C  A
O  O  Ã  H  T  A  R  T  A  R  U  G  A  M
U  Q  O  V  O  C  U  R  C  L  Q  C  B  S
S  Á  G  U  A  R  C  D  A  X  M  O  R  T
E  Y  G  X  Q  J  R  E  A  S  Z  L  A  E
B  J  A  J  Ç  K  X  O  K  I  N  A  L  R
V  E  T  E  R  I  N  Á  R  I  O  R  A  K
G  T  I  P  E  I  X  E  O  Q  D  I  G  E
S  J  N  W  V  I  H  A  A  W  H  N  A  Z
I  K  H  L  B  Z  L  P  T  X  R  H  R  X
S  W  O  P  X  X  M  Q  B  Q  K  O  T  V
X  C  M  H  I  J  E  S  J  G  M  V  O  B
```

VETERINÁRIO	COELHO
CABRA	COLARINHO
LAGARTO	MOUSE
HAMSTER	PAPAGAIO
CÃO	CACHORRO
GATO	TARTARUGA
GATINHO	CAUDA
GARRAS	PEIXE
VACA	ÁGUA

42 - Landschappen

```
Y P E N Í N S U L A C U M J
P M Â V U L C Ã O Ç A R F Z
A Z T N Q K S B H B V A L E
M M E E T U N D R A E W E S
C O Ç C I A K E C P R A I A
P X N P K E N Y C F N A L K
M A R T R R I O A O A J H Z
Q U E J A I W Z S D L D A D
X X I A I N F M C E A I N X
O C E A N O H L A S G F N O
O Á S I S C J A T E O A N A
G E L E I R A Q A R Q B P F
I C E B E R G F X T H Q O X
T G E Y S E R I O O Ç B P J
```

MONTANHA	OCEANO
ILHA	RIO
GEYSER	PENÍNSULA
GELEIRA	PRAIA
CAVERNA	TUNDRA
COLINA	VALE
ICEBERG	VULCÃO
LAGO	CASCATA
PÂNTANO	DESERTO
OÁSIS	MAR

43 - Tuin

```
T  J  V  A  R  A  N  D  A  R  B  G  H  G
R  A  O  N  R  R  N  V  H  Ç  L  W  S  R
A  R  K  R  S  B  V  I  D  E  I  R  A  A
M  D  Z  H  Ç  Q  U  Á  R  V  O  R  E  M
P  I  D  G  C  C  W  S  J  D  X  E  E  A
O  M  M  R  E  E  C  W  T  T  N  P  Ç  T
L  P  G  A  R  A  G  E  M  O  P  Á  B  E
I  V  U  M  C  B  A  N  C  O  K  A  G  R
M  G  Q  A  A  A  V  L  A  G  O  A  J  R
P  K  Ç  D  N  M  A  N  G  U  E  I  R  A
S  O  L  O  T  R  I  H  H  C  F  G  Z  Ç
T  E  M  S  C  V  K  O  G  R  L  J  C  O
L  V  U  A  N  C  I  N  H  O  O  S  K  J
Q  J  H  T  R  L  J  Q  Z  Q  R  D  B  X
```

BANCO	CERCA
FLOR	PÁ
SOLO	MANGUEIRA
ÁRVORE	ARBUSTO
POMAR	TERRAÇO
GARAGEM	TRAMPOLIM
GRAMADO	JARDIM
GRAMA	VARANDA
MACA	LAGOA
ANCINHO	VIDEIRA

44 - Katten

```
C C F F G R T X O W E W K S
U A A Z A D Ç P C J S Y U E
R H Ç U T H Q E M O U S E L
I R Z A D J X L O U C O V V
O O O Y D A R E E Y L U N A
S X K E O O N N X D B Ç H G
O W K H K A R G A R R A C E
Z Z V F F Y P R O C J X B M
S K B R I N C A L H Ã O M B
E A Ç C O U A Ç T Í M I D O
Ç C U B Z G D A W A Q E U R
K E S M N Y N D R U G G Ç M
D O R M I R E O S Z L W R O
I N D E P E N D E N T E E Y
```

PELE   INDEPENDENTE
FIO   PATA
LOUCO   DORMIR
ENGRAÇADO   BRINCALHÃO
CAÇADOR   CAUDA
GARRA   TÍMIDO
MOUSE   SELVAGEM
CURIOSO

45 - Beroepen #2

```
I  I  N  V  E  N  T  O  R  D  X  F  S  I
A  L  S  L  M  V  O  R  K  E  L  I  P  N
D  L  U  D  E  N  T  I  S  T  A  L  I  V
S  Z  Ç  S  O  Z  T  Q  Z  E  T  Ó  N  E
N  W  R  I  T  Y  D  W  T  T  T  S  T  S
Y  L  I  C  I  R  U  R  G  I  Ã  O  O  T
P  I  L  O  T  O  A  F  I  V  A  F  R  I
B  I  Ó  L  O  G  O  D  N  E  I  O  I  G
F  O  T  Ó  G  R  A  F  O  O  Y  H  E  A
L  I  N  G  U  I  S  T  A  R  U  P  D  D
J  O  R  N  A  L  I  S  T  A  H  A  N  O
P  R  O  F  E  S  S  O  R  J  S  T  P  R
W  U  E  V  I  M  É  D  I  C  O  N  P  Y
Ç  O  Q  Ç  A  G  R  I  C  U  L  T  O  R
```

MÉDICO	JORNALISTA
BIÓLOGO	PROFESSOR
AGRICULTOR	LINGUISTA
CIRURGIÃO	INVESTIGADOR
DETETIVE	PILOTO
FILÓSOFO	PINTOR
FOTÓGRAFO	DENTISTA
ILUSTRADOR	INVENTOR

46 - Dagen en Maanden

```
C  J  E  S  A  N  O  F  Ç  X  Z  P  A  N
S  J  U  L  H  O  R  U  B  M  S  F  G  O
E  E  O  N  X  M  Ê  S  T  K  L  E  O  V
G  Q  X  U  H  O  T  Á  J  U  B  V  S  E
U  U  S  T  C  O  F  B  N  T  B  E  T  M
N  I  E  S  A  J  J  A  N  E  I  R  O  B
D  N  T  E  L  F  D  D  M  R  F  E  O  R
A  T  E  M  E  K  E  O  X  Ç  T  I  V  O
F  A  M  A  N  P  M  I  F  A  D  R  B  N
E  F  B  N  D  G  P  F  R  B  G  O  Q  K
I  E  R  A  Á  Z  I  M  J  A  D  I  W  L
R  I  O  D  R  U  D  Ç  Q  K  G  E  A  F
A  R  S  N  I  U  K  C  G  G  I  I  I  I
M  A  R  Ç  O  M  F  D  O  M  I  N  G  O
```

AGOSTO	SEGUNDA-FEIRA
TERÇA	MARÇO
QUINTA-FEIRA	NOVEMBRO
FEVEREIRO	OUTUBRO
ANO	SETEMBRO
JANEIRO	SEXTA-FEIRA
JULHO	SEMANA
JUNHO	SÁBADO
CALENDÁRIO	DOMINGO
MÊS	

47 - Beeldende Kunsten

```
Z  T  P  F  D  A  R  E  A  R  G  I  L  A
C  R  A  I  D  R  U  S  R  B  S  I  Ç  C
E  C  J  L  C  T  O  C  Q  V  R  C  Z  R
R  S  L  M  S  I  B  U  U  C  E  A  C  I
Â  E  T  E  P  S  R  L  I  A  T  V  O  A
M  B  D  Ê  I  T  A  T  T  N  R  A  M  T
I  G  G  N  N  A  P  U  E  E  A  L  P  I
C  M  U  C  T  C  R  R  T  T  T  E  O  V
A  H  A  X  U  A  I  A  U  A  O  T  S  I
L  Z  Ç  L  R  R  M  L  R  L  B  E  I  D
D  Á  Z  N  A  V  A  S  A  D  F  W  Ç  A
R  A  P  L  Y  Ã  V  E  R  N  I  Z  Ã  D
V  U  I  I  U  O  C  E  R  A  D  Q  O  E
H  P  E  R  S  P  E  C  T  I  V  A  W  N
```

ARQUITETURA	OBRA-PRIMA
ARTISTA	CANETA
ESCULTURA	PERSPECTIVA
CRIATIVIDADE	RETRATO
CAVALETE	LÁPIS
FILME	COMPOSIÇÃO
CARVÃO	PINTURA
CERÂMICA	ESTÊNCIL
ARGILA	VERNIZ
GIZ	CERA

48 - Menselijk Lichaam

```
Ç  M  Y  D  V  X  P  E  S  C  O  Ç  O  P
W  D  T  N  E  Q  U  E  I  X  O  Y  R  K
J  S  A  W  T  C  K  J  R  Y  G  X  M  F
L  Í  N  G  U  A  F  A  B  N  A  R  I  Z
C  M  B  E  L  B  G  S  A  U  A  Y  N  C
É  Ã  O  Q  C  E  J  O  E  L  H  O  G  O
R  O  C  Z  A  Ç  C  O  R  A  Ç  Ã  O  T
E  R  A  P  M  A  N  D  Í  B  U  L  A  O
B  P  E  L  E  S  T  Ô  M  A  G  O  S  V
R  O  R  E  L  H  A  D  O  Z  R  M  A  E
O  T  O  R  N  O  Z  E  L  O  W  B  N  L
X  W  U  X  X  Q  K  D  M  O  O  R  G  O
B  A  J  W  N  B  Q  O  J  L  R  O  U  C
G  D  D  Z  R  M  S  J  M  O  G  P  E  B
```

PERNA	QUEIXO
SANGUE	JOELHO
COTOVELO	ESTÔMAGO
TORNOZELO	BOCA
MÃO	PESCOÇO
CORAÇÃO	NARIZ
CÉREBRO	ORELHA
CABEÇA	OMBRO
PELE	LÍNGUA
MANDÍBULA	DEDO

49 - Familie

```
J  P  U  N  R  D  X  T  M  T  C  F  E  O
X  P  O  M  A  R  I  D  O  W  R  L  T  C
J  A  V  Ô  Ã  X  L  K  F  Ç  I  F  N  O
S  I  A  N  T  E  P  A  S  S  A  D  O  T
P  O  M  L  I  A  F  E  T  W  N  Q  G  I
I  U  B  C  O  O  I  S  I  S  Ç  K  Ê  A
R  K  M  R  O  T  L  P  N  O  A  P  M  T
M  M  L  I  I  D  H  O  F  B  S  A  E  K
Ã  C  H  A  N  N  A  S  Â  R  P  T  O  U
O  Q  I  N  K  E  H  A  N  I  I  E  S  R
V  N  R  Ç  Y  Q  T  A  C  N  Z  R  X  O
U  Y  M  A  J  U  D  O  I  H  Ç  N  W  H
S  S  Ã  V  Y  E  F  O  A  O  Z  O  P  N
B  I  U  A  A  V  Ó  S  J  T  K  L  U  O
```

IRMÃO	SOBRINHA
FILHA	TIO
AVÓ	AVÔ
INFÂNCIA	TIA
CRIANÇA	GÊMEOS
CRIANÇAS	PAI
NETO	PATERNO
MARIDO	ANTEPASSADO
MÃE	ESPOSA
SOBRINHO	IRMÃ

50 - Gebouwen

```
P W M T C A B I N E C Ç D E
N R R O M E Q V L S U C R M
F J I R B U L J E U A A L B
A Á H R C E S E A P E S A A
P H B E T W O E I E S T B I
A O E R Z H V S U R C E O X
R S Y B I L T T K M O L R A
T P S M P C E Á U E L O A D
A I Z M Y I A D T R A P T A
M T Y Q R N T I V C H M Ó Z
E A Z G K E R O N A O B R I
N L Z M D M O G F D T V I F
T T E N D A F F V O E G O M
O F A Z E N D A L A L B Ç B
```

EMBAIXADA
APARTAMENTO
CINEMA
FAZENDA
CABINE
FÁBRICA
HOTEL
CASTELO
LABORATÓRIO

MUSEU
ESCOLA
CELEIRO
ESTÁDIO
SUPERMERCADO
TENDA
TEATRO
TORRE
HOSPITAL

51 - Kunst

```
C  S  E  S  C  U  L  T  U  R  A  X  Y  Z
O  U  X  U  S  C  E  R  Â  M  I  C  A  S
M  J  P  A  I  P  I  N  T  U  R  A  S  D
P  E  R  C  M  Z  E  N  Y  L  Ç  X  Í  L
O  I  E  O  P  T  L  S  V  P  C  V  M  H
S  T  S  M  L  B  W  G  S  C  X  K  B  O
I  O  S  P  E  D  T  Q  H  O  Y  T  O  N
Ç  A  Ã  L  S  F  I  G  U  R  A  Q  L  E
Ã  P  O  E  S  I  A  Ç  M  I  V  L  O  S
O  G  L  X  N  W  Ç  A  O  G  I  H  Y  T
K  O  R  O  U  F  W  L  R  I  S  H  F  O
C  R  I  A  R  K  M  Y  C  N  U  Q  N  R
R  E  T  R  A  T  A  R  W  A  A  J  Q  I
I  N  S  P  I  R  A  D  O  L  L  X  O  K
```

ESCULTURA	ORIGINAL
COMPLEXO	PESSOAL
CRIAR	POESIA
SIMPLES	RETRATAR
HONESTO	COMPOSIÇÃO
FIGURA	PINTURAS
INSPIRADO	SÍMBOLO
HUMOR	EXPRESSÃO
CERÂMICA	VISUAL
SUJEITO	

52 - Beroepen #1

```
D  J  C  T  K  H  F  A  P  E  B  C  J  L
E  A  M  Z  K  V  K  T  I  N  A  A  O  Y
M  D  N  Q  E  E  C  L  A  F  N  R  A  W
B  V  V  Ç  F  T  M  E  N  E  Q  T  L  I
A  O  W  P  A  E  Ú  T  I  R  U  Ó  H  T
I  G  P  S  S  R  S  A  S  M  E  G  E  V
X  A  H  I  T  I  I  N  T  E  I  R  I  E
A  D  E  C  R  N  C  N  A  I  R  A  R  C
D  O  D  Ó  Ô  Á  O  T  O  R  O  F  O  A
O  R  I  L  N  R  H  O  Ç  A  T  O  R  Ç
R  M  T  O  O  I  G  E  Ó  L  O  G  O  A
F  S  O  G  M  O  B  E  S  F  T  G  Y  D
F  W  R  O  O  R  F  D  O  U  T  O  R  O
F  A  R  M  A  C  Ê  U  T  I  C  O  O  R
```

ADVOGADO
EMBAIXADOR
FARMACÊUTICO
ASTRÔNOMO
ATLETA
BANQUEIRO
CARTÓGRAFO
DANÇARINO
VETERINÁRIO

DOUTOR
EDITOR
GEÓLOGO
CAÇADOR
JOALHEIRO
MÚSICO
PIANISTA
PSICÓLOGO
ENFERMEIRA

53 - Kastelen

```
A  I  I  K  B  Z  P  R  I  N  C  E  S  A
R  G  M  S  R  Ç  W  R  Ç  Q  W  H  Y  C
M  T  A  P  S  C  F  I  Í  O  X  W  H  A
A  C  Z  O  É  O  R  Q  P  N  S  C  F  V
D  Y  G  P  D  R  A  G  Ã  O  C  E  I  A
U  R  E  I  N  O  I  G  I  D  C  I  Ç  L
R  L  R  X  B  A  J  O  A  I  A  P  P  O
A  T  O  R  R  E  J  G  K  N  T  A  I  E
U  N  I  C  Ó  R  N  I  O  A  A  L  P  S
N  O  B  R  E  L  E  Ç  C  S  P  Á  A  C
M  A  S  M  O  R  R  A  L  T  U  C  R  U
F  E  U  D  A  L  D  P  G  I  L  I  E  D
C  A  V  A  L  E  I  R  O  A  T  O  D  O
E  S  P  A  D  A  A  E  I  S  A  E  E  O
```

DRAGÃO	PAREDE
DINASTIA	CAVALO
NOBRE	PALÁCIO
UNICÓRNIO	PRÍNCIPE
FEUDAL	PRINCESA
ARMADURA	CAVALEIRO
CATAPULTA	IMPÉRIO
MASMORRA	ESCUDO
REINO	TORRE
COROA	ESPADA

54 - Insecten

```
M A R I P O S A N U M L M G
D R K M H V X C Ç T O B I A
B O R B O L E T A E S A N F
E N F X F A W S Z S Q R H A
S H Y S O R Z G P M U A O N
O R R Q R V O X U A I T C H
U V S E M A D X L B T A A O
R W K L I R U J G F O N L T
O Q M F G U Ç L Ã B Q I U O
B A Q Q A A S O O C M Y I Y
L O U V A A D E U S U B T J
C I G A R R A W Q K E P V W
P U L G A R A B E L H A I F
P V O V L I B É L U L A H M
```

LOUVA-A-DEUS
ABELHA
PULGÃO
CIGARRA
BARATA
BESOURO
LARVA
LIBÉLULA
FORMIGA

MARIPOSA
MOSQUITO
GAFANHOTO
CUPIM
BORBOLETA
PULGA
VESPA
MINHOCA

55 - Antarctica

```
G M C O N S E R V A Ç Ã O P
Á I L W C G X O F S S S T E
M G V L I E P C A G H Z O N
L R U W E O E H G T Ç M P Í
Y A N A N G D O C E I H O N
O Ç U M T R I S J M L X G S
A Ã V O Í A Ç O F P H O R U
M O E F F F Ã O V E A X A L
B E N D I I O W E R S H F A
I A S V C A Z L M A S Y I G
E W Í W O W O Q M T X O A W
N J K A I P I N G U I N S C
T M I N E R A I S R E N K D
E G E L E I R A S A X X Q Y
```

BAÍA
CONSERVAÇÃO
ILHAS
EXPEDIÇÃO
GEOGRAFIA
GELEIRAS
GELO
MIGRAÇÃO
MINERAIS

AMBIENTE
PINGUINS
ROCHOSO
PENÍNSULA
TEMPERATURA
TOPOGRAFIA
ÁGUA
CIENTÍFICO
NUVENS

56 - Ballet

```
T É C N I C A E Y D M W V G
Y B O A E B A I L A R I N A
W L R I P S G R A C I O S O
O P E N G L T E S D T E M Z
R R O T P E A I Ç T M N Ú D
A Á G E Ú S S U L O O S S A
R T R N B O E T S O K A I N
T I A S L S E Q O O M I C Ç
Í C F I I F R U I U G O A A
S A I D C O M P O S I T O R
T X A A O R Q U E S T R A I
I Z W D M Ú S C U L O S G N
C Z S E Z C O O E O X P G O
O E X P R E S S I V O D H S
```

APLAUSO
ARTÍSTICO
BAILARINA
COREOGRAFIA
COMPOSITOR
DANÇARINOS
EXPRESSIVO
GESTO
INTENSIDADE
MÚSICA

ORQUESTRA
PRÁTICA
PÚBLICO
ENSAIO
RITMO
GRACIOSO
MÚSCULOS
ESTILO
TÉCNICA

57 - Vissen

```
B T L F Y W W J B Y Á A V B
P A C I Ê N C I A X G B O A
P R I O M P R T A H U V D R
E X A G E R O D B G A K U B
S M N I V J O O J A V E J A
O V X Q A M Z P M N R T W T
B R Â N Q U I A S C V C K A
L V Ç W C L W O D H Z O O N
Q S C G S L C C G O H Z C A
S H G B D Ç S F E I N I E S
T E M P O R A D A S P N A B
L A G O V M B X X C T H N C
G M A N D Í B U L A Z A O D
E Q U I P A M E N T O R W H
```

ISCA	CESTA
EQUIPAMENTO	LAGO
BARCO	OCEANO
FIO	EXAGERO
PACIÊNCIA	RIO
PESO	TEMPORADA
GANCHO	PRAIA
MANDÍBULA	BARBATANAS
BRÂNQUIAS	ÁGUA
COZINHAR	

58 - Fruit

```
M Z R I R A B A C A X I W T
B A N A N A Q E M J V G O F
D P M K I B Q H P E R A U C
P A E Ã I S C B C Ç L I M F
Ê U M R O C E R E J A Ã X R
S V A A Y N M C B A G A O A
S A B Z S E R F L I M Ã O M
E W A I J C A M E I X A Q B
G X C L H T O B V F L H T O
O M A N G A M A Ç Ã Ç G U E
A L T N S R D I X O V P Z S
X O E Ç K I W I T M Z I K A
C O C O J N L A R A N J A D
O R H Q R A U L T R E K E M
```

DAMASCO	KIWI
ABACAXI	COCO
MAÇÃ	MANGA
ABACATE	MELÃO
BANANA	NECTARINA
BAGA	LARANJA
LIMÃO	MAMÃO
UVA	PERA
FRAMBOESA	PÊSSEGO
CEREJA	AMEIXA

59 - Literatuur

```
C  N  W  P  C  O  M  P  A  R  A  Ç  Ã  O
O  W  J  O  U  P  H  X  X  R  I  T  M  O
N  G  V  É  Ç  I  A  B  V  M  I  K  T  F
C  E  M  T  P  N  V  T  E  M  A  M  R  I
L  P  B  I  R  I  E  S  T  I  L  O  A  C
U  B  T  C  P  Ã  N  O  O  E  I  V  G  Ç
S  I  D  O  S  O  P  O  E  M  A  P  É  Ã
Ã  O  Q  I  A  N  E  D  O  T  A  J  D  O
O  G  A  N  Á  L  I  S  E  I  R  D  I  O
Y  R  I  E  V  L  G  R  F  U  N  Q  A  Q
S  A  U  T  O  R  O  M  A  N  C  E  A  F
D  F  Ç  Ç  Ç  B  C  G  O  M  O  G  S  Y
Y  I  Z  M  E  T  Á  F  O  R  A  Y  S  D
Ç  A  N  A  L  O  G  I  A  T  Q  P  T  I
```

ANALOGIA
ANÁLISE
ANEDOTA
AUTOR
BIOGRAFIA
CONCLUSÃO
DIÁLOGO
FICÇÃO
POEMA
OPINIÃO

METÁFORA
POÉTICO
RIMA
RITMO
ROMANCE
ESTILO
TEMA
TRAGÉDIA
COMPARAÇÃO

60 - Technologie

```
C F B P U B D A D O S M N E
K U O U L L C I H R Ç M L S
T R R N V O O J G V B E Y T
E K J S T G M G I Y N M A
L E U T O E P B F R T S G T
A N B L D R U L H T E A N Í
R H H K M X T F V U S G L S
Q S E G U R A N Ç A O E W T
U V Í R U S D T Y L F M P I
I F T E Y J O T M I T T V C
V H I N T E R N E T W J H A
O C Â M E R A L J P A O G S
N A V E G A D O R D R M T B
P E S Q U I S A T Ç E K T Z
```

MENSAGEM
ARQUIVO
BLOG
NAVEGADOR
BYTES
CÂMERA
COMPUTADOR
CURSOR
DIGITAL
DADOS

INTERNET
FONTE
PESQUISA
TELA
SOFTWARE
ESTATÍSTICAS
SEGURANÇA
VIRTUAL
VÍRUS

61 - Boeken

```
R  U  X  P  S  Z  É  N  G  H  I  T  A  U
E  E  Ç  E  Y  R  P  Á  G  I  N  A  U  O
A  Y  L  F  H  D  I  X  A  S  V  V  T  Ç
P  H  B  E  J  J  C  S  S  T  E  E  O  D
H  O  F  Z  V  A  O  O  O  Ó  N  N  R  U
C  U  E  M  Y  A  D  L  U  R  T  T  F  A
O  T  M  M  V  B  N  B  X  I  I  U  A  L
L  R  W  O  A  V  Q  T  I  A  V  R  M  I
E  Á  G  L  R  J  T  U  E  U  O  A  M  D
Ç  G  H  Z  V  A  P  O  E  S  I  A  X  A
Ã  I  T  Ç  K  Ç  D  L  E  I  T  O  R  D
O  C  Ç  X  G  D  R  O  M  A  N  C  E  E
C  O  N  T  E  X  T  O  R  B  Ç  A  W  T
E  S  C  R  I  T  O  K  E  Z  G  K  R  Z
```

AUTOR
AVENTURA
PÁGINA
COLEÇÃO
CONTEXTO
DUALIDADE
ÉPICO
POEMA
ESCRITO

HUMORADO
INVENTIVO
LEITOR
POESIA
RELEVANTE
ROMANCE
TRÁGICO
HISTÓRIA

62 - Meer Informatie

```
M U N D O Ç N D S R Y C D E
M I S T E R I O S O S E Y X
H T P K M Z J W U B T N F T
W P H G J G P P R Ô E Á D R
R E A L I S T A M S C R I E
F U T U R I S T A C N I S M
E U T L B B R L I I O O T O
J X F O G O W I G N L R O P
O J P I P Ç D V A E O Á P L
X Q Z L I I O R L M G C I A
F X N U O L A O Á A I U A N
U B G S V S P S X N A L Q E
X S E Ã H F Ã C I C E O E T
L S E O V Z S O A D C U S A
```

CINEMA   ORÁCULO
LIVROS   PLANETA
FOGO   REALISTA
DISTOPIA   ROBÔS
EXPLOSÃO   CENÁRIO
EXTREMO   GALÁXIA
FUTURISTA   TECNOLOGIA
ILUSÃO   UTOPIA
MISTERIOSO   MUNDO

63 - Regenwoud

```
M D I V E R S I D A D E T E
N U V E N S P Á S S A R O S
R E S T A U R A Ç Ã O Y R P
L H A G B O T Â N I C O E É
W C N V O V G O A N T M F C
O Ç F O G A O M T D Z H Ú I
S G Í S P L E T U Í K B G E
S Y B K U I Z L R G C A I S
C L I M A O D O E E K D O E
I H O L P S Ç C Z N C Z C L
I N S E T O S Q A A V O X V
Ç K P R E S E R V A Ç Ã O A
S Ç R E S P E I T O Z M G K
S O B R E V I V Ê N C I A R
```

ANFÍBIOS
PRESERVAÇÃO
BOTÂNICO
DIVERSIDADE
INDÍGENA
INSETOS
SELVA
CLIMA
MUSGO

NATUREZA
SOBREVIVÊNCIA
RESPEITO
RESTAURAÇÃO
ESPÉCIES
REFÚGIO
PÁSSAROS
VALIOSO
NUVENS

64 - Haartypes

```
S E C O P T M N B R X X I Y
Ç A Ç A Q A A Q P R A T A P
W R U Z R T R A N Ç A D O R
I B I D D B R I L H A N T E
E B Q L Á Z O S U A V E C T
J J K R A V M L T P C Y A O
X H W R N Q E B G N U L C O
I J I B Y R W L R C R O H N
P H D B Ç S P O O I T V O D
Ç R S T Y R Y I S N O J S U
W F G T S H Ç R S Z G E P L
Q I O X W J U O O A J O S A
E N C A R A C O L A D O S D
C O L O R I C A R E C A H O
```

LOIRO
MARROM
GROSSO
SECO
FINO
COLORI
TRANÇADO
SAUDÁVEL
BRILHANTE
ONDULADO

CINZA
CARECA
CURTO
CACHOS
ENCARACOLADO
LONGO
BRANCO
SUAVE
PRATA
PRETO

65 - Gereedschap Voor het Kok

```
F  T  E  S  P  Á  T  U  L  A  C  K  T  Q
A  O  A  S  S  N  R  K  F  H  H  T  O  R
C  Q  G  L  P  D  E  D  Ô  G  A  E  R  E
A  G  Z  Ã  H  R  S  N  R  A  L  S  R  G
C  E  B  O  O  E  E  R  N  C  E  O  A  A
C  L  X  U  M  O  R  M  O  O  I  U  D  R
N  A  N  L  W  M  R  E  E  A  R  R  E  F
R  D  C  O  L  H  E  R  S  D  A  A  I  O
T  E  R  M  Ô  M  E  T  R  O  O  F  R  C
A  I  D  R  A  L  A  D  O  R  C  R  A  U
M  R  T  U  E  Y  V  G  T  Q  L  Q  Q  H
P  A  X  R  R  B  S  H  F  H  D  J  P  I
A  R  M  W  F  D  R  R  O  V  M  D  I  E
L  V  D  Z  R  K  L  L  B  I  B  Y  G  C
```

TALHERES	FORNO
TORRADEIRA	RALADOR
TAMPA	ESPREMEDOR
FOGÃO	TESOURA
CHALEIRA	ESPÁTULA
GELADEIRA	TERMÔMETRO
COLHER	COADOR
FACA	GARFO

66 - Stad

```
E  S  T  Á  D  I  O  G  M  I  P  R  H  F
B  S  U  P  E  R  M  E  R  C  A  D  O  A
G  I  C  I  N  E  M  A  M  I  D  B  T  R
A  Q  B  O  F  F  J  M  L  V  A  A  E  M
L  S  H  L  L  I  I  S  X  T  R  N  L  Á
E  U  L  T  I  A  Ç  N  S  P  I  C  L  C
R  L  A  F  L  O  R  I  S  T  A  O  V  I
I  P  P  T  Y  L  T  E  A  T  R  O  J  A
A  L  O  J  A  A  M  E  R  C  A  D  O  A
C  L  Í  N  I  C  A  V  C  M  U  S  E  U
U  N  I  V  E  R  S  I  D  A  D  E  Y  C
A  E  R  O  P  O  R  T  O  Ç  Y  B  P  L
W  Z  R  E  S  T  A  U  R  A  N  T  E  W
L  I  V  R  A  R  I  A  B  Y  B  J  F  D
```

FARMÁCIA
PADARIA
BANCO
BIBLIOTECA
CINEMA
FLORISTA
LIVRARIA
GALERIA
HOTEL
CLÍNICA

AEROPORTO
MERCADO
MUSEU
RESTAURANTE
ESCOLA
ESTÁDIO
SUPERMERCADO
TEATRO
UNIVERSIDADE
LOJA

67 - Natuur

```
S  B  L  R  F  S  J  G  D  T  D  V  H  B
E  G  F  F  T  D  K  O  E  G  S  G  Q  E
L  E  T  F  L  I  B  K  S  N  J  A  X  L
V  L  D  L  M  N  A  B  E  L  H  A  S  E
A  E  L  O  L  Â  A  B  R  I  G  O  A  Z
G  I  N  R  B  M  Á  R  T  I  C  O  N  A
E  R  F  E  O  I  Y  D  O  W  Q  E  T  A
M  A  O  S  V  C  V  I  T  A  L  G  U  N
N  R  L  T  R  O  P  I  C  A  L  P  Á  I
U  C  H  A  H  Y  E  A  E  R  W  S  R  M
V  F  A  Ç  W  S  J  I  B  I  N  G  I  A
E  Ç  G  O  K  J  X  E  R  O  S  Ã  O  I
N  S  E  R  E  N  O  W  Q  O  H  D  W  S
S  O  M  O  N  T  A  N  H  A  S  T  F  Ç
```

ÁRTICO	NEVOEIRO
MONTANHAS	RIO
ABELHAS	BELEZA
FLORESTA	ABRIGO
ANIMAIS	SERENO
DINÂMICO	TROPICAL
EROSÃO	VITAL
FOLHAGEM	SELVAGEM
GELEIRA	DESERTO
SANTUÁRIO	NUVENS

68 - Dinosaurussen

```
F  Ó  S  S  E  I  S  E  Y  Q  P  Z  P  C
G  R  A  N  D  E  I  U  N  R  K  L  H  A
M  C  É  L  Ç  R  C  A  B  O  J  B  G  R
A  E  H  P  H  L  A  F  D  Y  R  H  H  N
M  V  E  O  T  E  R  G  N  C  G  M  W  Í
U  O  R  T  N  I  R  A  P  T  O  R  E  V
T  L  B  E  M  Í  L  C  A  U  D  A  V  O
E  U  Í  R  L  X  V  I  C  I  O  S  O  R
A  Ç  V  R  Q  W  P  O  D  E  R  O  S  O
J  Ã  O  A  S  A  S  K  R  F  F  N  P  U
M  O  R  T  L  G  O  P  R  O  M  K  D  I
T  X  O  E  S  P  É  C  I  E  S  F  A  A
P  R  E  S  A  T  A  M  A  N  H  O  Q  E
P  R  É  H  I  S  T  Ó  R  I  C  O  W  Ç
```

TERRA
CARNÍVORO
ENORME
EVOLUÇÃO
FÓSSEIS
GRANDE
TAMANHO
HERBÍVORO
PODEROSO
MAMUTE

ONÍVORO
PRÉ-HISTÓRICO
PRESA
RÉPTIL
RAPTOR
ESPÉCIES
CAUDA
VICIOSO
ASAS

69 - Zoogdieren

```
L R W G G I E T E T K X N K
P H V I F P L N C O L I V W
X B U R R O Ç O U D I G Q
C A V A L O F O I R L M J C
J E Q F O G A T O O J A C A
Ç R Y A O Z N L T F M C A S
R A P O S A T V E N E A N T
Ç C G C Ã O E F P Ã R C G O
N A O W N S Ç C M H O O U R
K B R E F S B A L E I A R Ç
E R I B L L C M F U R M U J
C A L Q O H O E I R N H Z V
K G A B B G O L F I N H O S
Y V H E O H O O I W J Z L Q
```

MACACO	CANGURU
CASTOR	GATO
COIOTE	COELHO
GOLFINHO	LEÃO
BURRO	ELEFANTE
CABRA	CAVALO
GIRAFA	TOURO
GORILA	RAPOSA
CÃO	BALEIA
CAMELO	LOBO

70 - 1 Jaar Geleden

```
I  N  D  E  P  E  N  D  E  N  T  E  R  A
M  N  S  Á  B  I  O  S  P  Q  F  P  C  R
O  E  T  P  R  Á  T  I  C  O  E  E  I  T
D  F  G  E  N  C  A  N  T  A  D  O  R  Í
E  I  E  N  L  I  M  P  O  Ú  T  I  L  S
S  C  N  G  M  I  C  U  R  I  O  S  O  T
T  I  E  R  H  C  G  D  K  M  P  I  H  I
O  E  R  A  I  D  M  E  A  Ç  A  E  N  C
Z  N  O  Ç  G  J  V  C  N  C  C  V  S  O
Y  T  S  A  J  V  V  I  Z  T  I  F  T  L
S  E  O  D  P  F  C  S  I  U  E  V  D  G
D  H  B  O  M  Y  H  I  Y  W  N  Y  K  N
K  E  V  U  I  Y  T  V  S  M  T  T  V  X
J  P  J  G  H  Y  M  O  M  V  E  H  S  L
```

ARTÍSTICO	GENEROSO
ÚTIL	INTELIGENTE
MODESTO	CURIOSO
DECISIVO	INDEPENDENTE
ENCANTADOR	PACIENTE
EFICIENTE	PRÁTICO
BOM	LIMPO
ENGRAÇADO	SÁBIO

71 - Exploratie

```
M  N  T  A  A  P  R  E  N  D  E  R  C  D
B  H  O  C  D  C  S  V  Ç  V  C  U  U  E
H  B  G  V  I  A  G  E  M  Z  O  T  L  T
D  E  S  C  O  B  E  R  T  A  R  E  T  E
S  K  C  P  Y  F  E  W  B  H  A  R  U  R
K  T  G  E  P  H  I  X  C  O  G  R  R  M
H  T  B  R  T  Y  P  V  A  L  E  E  A  I
E  X  C  I  T  A  Ç  Ã  O  U  M  N  S  N
S  E  P  G  Q  N  F  O  E  H  S  O  J  A
L  P  N  O  W  I  S  X  Ç  S  D  T  E  Ç
E  Z  D  S  S  M  K  Q  A  C  P  U  Ã  Ã
L  Í  N  G  U  A  T  G  A  J  Z  A  C  O
X  X  L  A  T  I  V  I  D  A  D  E  Ç  S
G  Y  W  D  I  S  T  A  N  T  E  J  R  O
```

ATIVIDADE	DESCOBERTA
DETERMINAÇÃO	EXCITAÇÃO
CULTURAS	VIAGEM
ANIMAIS	ESPAÇO
PERIGOS	LÍNGUA
APRENDER	TERRENO
CORAGEM	EXAUSTÃO
NOVO	DISTANTE

72 - Voertuigen

```
S U B M A R I N O G I A O X
N K H E L I C Ó P T E R O H
W X B P D R D Ô N I B U S V
B J A N G A D A V I Ã O F B
I K L E A M B U L Â N C I A
C S S U M L O Ç X M F A T R
I A A S Q E Y T Y V O R Á C
C F R B L F T I O M G A X O
L U T R A T O R N R U V I T
E R I T O Y Y J Ô Z E A Ç R
T G C A M I N H Ã O T N U A
A Ã S B X X Q Z W U E A N K
Z O S H U I T M K Q E J G R
L A M B R E T A V N V V F O
```

AMBULÂNCIA	MOTOR
CARRO	SUBMARINO
PNEUS	FOGUETE
FURGÃO	LAMBRETA
BARCO	TÁXI
ÔNIBUS	TRATOR
CARAVANA	BALSA
BICICLETA	AVIÃO
HELICÓPTERO	JANGADA
METRÔ	CAMINHÃO

73 - Geografie

```
M H A I S S C N C B W R Ç O
A A E O E S T E I U C E N Ç
P S R M P I I P D A T L A S
A U I U I E Q U A D O R A R
J L O N D S T T D C C S L G
Q A E D O J F W E O E M T J
N D B O M P V É N N A E I U
M O N T A N H A R T N R T G
C N O X H H N T P I O I U P
S X R E G I Ã O B N O D D R
I W T L Ç U U Y Q E E I E V
B L E B H B E Z A N P A Í S
X Y H K Z Y K Z M T Q N Y S
K W L A T I T U D E T O T V
```

ATLAS	MERIDIANO
MONTANHA	NORTE
LATITUDE	OCEANO
CONTINENTE	REGIÃO
ILHA	RIO
EQUADOR	CIDADE
HEMISFÉRIO	MUNDO
ALTITUDE	OESTE
MAPA	MAR
PAÍS	SUL

74 - Kunstbenodigdheden

```
C O R E S R V L P A P E L C
C F C W G E Z Z B R A B R R
A R T W T Ó L E O G C W Q I
V Q U O U T O S V I R G Q A
A H T I N T A S A L Í L S T
L C A D E I R A I A L Á E I
E O I Q K N C M R G I P S V
T L E K U T Y A E M C I C I
E A P A G A D O R S O S O D
C Â M E R A R P C V A Z V A
P A S T E L S E R N Ã W A D
N D S W F W Ç H L A O O S E
R O Z F A N Á G U A A Z M F
P L G M B Y Q J O V S T G T
```

ACRÍLICO   CORES
AQUARELAS   COLA
ESCOVAS   ÓLEO
CÂMERA   PAPEL
CRIATIVIDADE   PASTELS
CAVALETE   LÁPIS
APAGADOR   CADEIRA
CARVÃO   MESA
TINTA   TINTAS
ARGILA   ÁGUA

75 - Barbecues

```
F  H  M  V  D  Ç  C  L  S  S  W  L  K  C
T  R  Ç  Y  N  E  E  J  A  N  T  A  R  F
A  O  Y  D  E  Z  B  G  L  Ç  W  F  U  F
J  L  M  O  L  H  O  R  A  U  F  R  G  A
M  N  M  A  O  Y  L  E  D  H  R  A  A  M
M  Ú  E  O  T  N  A  L  A  S  U  N  R  Í
V  M  S  Z  Ç  E  S  H  S  A  T  G  F  L
Z  V  E  I  K  O  S  A  W  L  A  O  O  I
A  P  M  D  C  C  O  N  V  I  T  E  S  A
F  A  C  A  S  A  P  I  M  E  N  T  A  V
Q  U  E  N  T  E  H  I  V  C  Q  Y  F  E
G  E  I  I  D  O  O  G  X  V  V  K  O  R
B  Z  T  T  O  L  E  G  U  M  E  S  M  Ã
U  H  Ç  G  F  E  M  Z  D  G  J  K  E  O
```

JANTAR	MÚSICA
FAMÍLIA	PIMENTA
FRUTA	SALADAS
GRELHA	MOLHO
LEGUMES	TOMATES
QUENTE	CEBOLAS
FOME	CONVITE
FRANGO	GARFOS
ALMOÇO	VERÃO
FACAS	SAL

76 - Wetenschappelijke Discip

```
M A R Q U E O L O G I A X T
T E Q G B I O L O G I A H E
A C T K G N G I E D L S J R
D F N E M M E Y Q O B O D M
P I O Ç O R O B Ó T I C A O
B S T M Q R L Y R Z O I S D
O I I E M H O I J N Q O T I
T O V C J P G L Q X U L R N
Â L T G O Ç I O O J Í O O Â
N O Ç L W L A S G G M G N M
I G E C O L O G I A I I O I
C I W S O R Q G Ç I C A M C
A A G M E C Â N I C A F I A
I M U N O L O G I A N Y A E
```

ARQUEOLOGIA   MECÂNICA
ASTRONOMIA   METEOROLOGIA
BIOQUÍMICA   BOTÂNICA
BIOLOGIA   PSICOLOGIA
ECOLOGIA   ROBÓTICA
FISIOLOGIA   SOCIOLOGIA
GEOLOGIA   TERMODINÂMICA
IMUNOLOGIA

77 - Bijvoeglijke Naamwoorden

```
Ç  I  Ç  D  M  A  U  T  Ê  N  T  I  C  O
S  O  N  O  L  E  N  T  O  F  B  S  D  C
P  N  R  T  K  Ç  Z  F  O  R  T  E  E  K
U  A  E  A  E  O  R  G  U  L  H  O  S  O
R  T  S  D  D  R  F  V  K  O  I  N  C  S
O  U  P  O  D  G  E  R  C  C  Ç  O  R  A
S  R  O  Y  R  J  J  S  S  R  L  R  I  L
C  A  N  S  A  D  O  E  S  I  X  M  T  G
Q  L  S  M  M  G  C  L  W  A  E  A  I  A
E  O  Á  R  Á  T  L  V  F  T  N  L  V  D
N  O  V  O  T  Q  F  A  M  I  N  T  O  O
C  O  E  V  I  S  I  G  F  V  Z  H  E  N
O  H  L  P  C  F  I  E  K  O  S  Z  E  P
T  L  I  E  O  I  U  M  M  S  K  S  K  T
```

AUTÊNTICO	NOVO
DOTADO	NORMAL
DESCRITIVO	SONOLENTO
CRIATIVO	FORTE
DRAMÁTICO	ORGULHOSO
FAMINTO	RESPONSÁVEL
INTERESSANTE	SELVAGEM
CANSADO	SALGADO
NATURAL	PURO

78 - Kleding

```
G U C W S M L V S A I P T L
D O X E C O L A R P Ç F T E
C J K O I C R N R K T Q C N
J A G O N Y M C K M B J M Ç
H Q L M T P U L S E I R A O
M U S Ç O R M R F I I P V R
P E A A A G T P C A M I S A
V T P Z N P A L D S B J S I
E A A M O D A V E N T A L C
S Z T X S U Á L Z D V M S A
T M O L K Ç B L U S A A R S
I S A I A Z V X I V D W H A
D C H A P É U B K A A R K C
O S U É T E R Y S I S S M O
```

PULSEIRA   PIJAMA
BLUSA   CINTO
CALÇA   SAIA
LUVAS   SANDÁLIAS
CHAPÉU   SAPATO
CASACO   AVENTAL
JAQUETA   CAMISA
VESTIDO   LENÇO
COLAR   MEIAS
MODA   SUÉTER

79 - Vliegtuigen

```
T  J  S  W  M  U  D  C  G  L  G  Y  A  G
A  R  M  P  O  J  E  O  Z  M  O  V  V  O
C  T  P  I  T  K  S  H  É  L  I  C  E  S
O  M  M  L  O  O  C  C  Ç  P  T  J  N  H
N  K  N  O  R  P  I  K  Y  U  U  Ç  T  I
S  A  Z  T  S  W  D  V  P  C  R  B  U  S
T  L  V  O  N  F  A  I  X  Q  B  Y  R  T
R  T  K  E  Y  D  E  C  D  D  U  L  A  Ó
U  U  T  X  G  L  F  R  B  A  L  Ã  O  R
Ç  R  E  M  O  A  O  Z  A  Z  Ê  I  P  I
Ã  A  A  G  J  I  R  U  F  V  N  C  T  A
O  Q  J  Y  B  L  S  M  J  N  C  O  É  Z
T  R  I  P  U  L  A  Ç  Ã  O  I  E  V  U
Ç  K  D  I  R  E  Ç  Ã  O  K  A  T  W  U
```

DESCIDA	ALTURA
ATMOSFERA	AR
AVENTURA	MOTOR
BALÃO	NAVEGAR
TRIPULAÇÃO	PILOTO
CONSTRUÇÃO	HÉLICES
HISTÓRIA	DIREÇÃO
CÉU	TURBULÊNCIA

80 - Herbalisme

```
N  R  Y  X  C  A  Z  N  I  X  L  J  M  O
T  I  P  C  U  L  Ç  P  V  H  Z  A  Q  R
O  H  F  Q  L  E  A  A  G  N  E  R  F  É
R  A  U  X  I  S  F  V  F  X  M  D  L  G
M  S  R  H  N  T  U  Q  A  R  E  I  O  A
A  L  H  O  Á  R  N  U  W  N  Ã  M  R  N
N  L  V  M  R  A  C  A  T  P  D  O  W  O
J  H  E  W  I  G  H  L  O  V  P  A  E  L
E  B  R  C  O  Ã  O  I  M  S  C  U  N  E
R  T  D  H  R  O  B  D  I  Ç  U  G  D  J
O  N  E  R  L  I  S  A  L  S  A  K  R  I
N  T  H  L  F  S  M  D  H  Q  G  I  O  C
A  O  O  K  F  U  H  E  O  S  A  B  O  R
S  D  M  A  N  J  E  R  I  C  Ã  O  Ç  Z
```

MANJERICÃO	MANJERONA
FLOR	ORÉGANO
CULINÁRIO	SALSA
ENDRO	ALECRIM
ESTRAGÃO	AÇAFRÃO
VERDE	SABOR
ALHO	TOMILHO
QUALIDADE	JARDIM
LAVANDA	FUNCHO

81 - Meubels

```
W  C  C  O  F  A  L  M  O  F  A  D  A  S
F  Ô  O  V  T  U  T  A  P  E  T  E  I  A
E  M  L  P  R  A  T  E  L  E  I  R  A  S
A  O  C  L  R  C  T  O  A  S  Ç  H  Z  S
C  D  H  M  M  Q  A  W  N  P  R  E  C  T
O  A  Ã  E  W  O  J  O  Z  E  Ç  L  D  V
R  P  O  S  S  V  S  P  Ç  L  R  L  L  E
T  T  O  A  F  T  L  X  W  H  T  C  L  H
I  M  A  L  W  D  A  L  M  O  F  A  D  A
N  A  M  Y  T  K  S  N  W  Y  D  D  G  H
A  C  A  M  A  R  H  F  T  W  F  E  Q  W
S  A  O  I  N  T  O  B  O  E  J  I  Z  O
R  B  A  N  C  O  F  N  M  A  N  R  V  U
Z  G  P  W  V  D  A  R  A  Ç  C  A  Q  X
```

BANCO	MACA
CAMA	ALMOFADA
ESTANTE	ALMOFADAS
MESA	COLCHÃO
CÔMODA	PRATELEIRAS
POLTRONA	ESPELHO
FUTON	CADEIRA
CORTINAS	TAPETE

82 - Piraten

```
B  M  T  Y  Y  C  S  Â  N  C  O  R  A  G
T  A  Z  R  J  Ç  R  L  P  V  B  U  P  L
E  U  N  O  I  X  O  L  D  L  Ú  M  R  Q
S  V  G  D  S  P  B  V  O  E  S  A  A  O
O  N  Q  U  E  J  U  I  C  N  S  P  V  Z
U  C  M  E  F  I  P  L  E  D  O  A  E  J
R  I  P  S  Q  G  R  H  A  A  L  P  N  C
O  C  A  P  R  W  A  A  N  Ç  A  D  T  A
P  A  P  A  G  A  I  O  O  V  Ã  C  U  V
E  T  H  D  F  T  A  F  C  J  X  O  R  E
R  R  X  A  J  L  F  O  O  R  O  O  A  R
I  I  C  A  P  I  T  Ã  O  C  X  Q  K  N
G  Z  U  D  S  J  A  G  X  Ç  N  T  C  A
O  Z  Y  N  Q  I  I  G  G  D  F  Q  U  P
```

ÂNCORA
AVENTURA
TRIPULAÇÃO
ILHA
PERIGO
OURO
CAVERNA
MAPA
CAPITÃO
BÚSSOLA

LENDA
CICATRIZ
OCEANO
PAPAGAIO
RUM
TESOURO
MAU
PRAIA
BANDEIRA
ESPADA

83 - Om in te Vullen

```
J  G  I  R  K  F  E  Ç  Ç  X  Ç  A  U  W
B  A  R  R  I  L  B  N  P  S  B  L  D  J
P  V  O  B  P  U  C  A  I  X  A  M  L  S
Y  E  J  A  R  A  P  F  N  R  L  A  P  I
Y  T  E  C  K  V  C  Ç  M  D  D  L  S  C
G  A  S  I  L  Q  G  O  B  X  E  A  Ç  F
I  A  M  A  T  U  B  O  T  C  V  J  F  I
C  Ç  R  X  P  A  S  T  A  E  A  T  A  B
H  Q  K  R  R  I  B  O  L  S  O  D  Z
Ç  X  X  F  A  E  N  V  E  L  O  P  E  C
B  A  A  E  G  F  I  R  X  Q  H  A  E  E
C  Ç  D  S  Y  F  A  U  V  I  H  G  H  S
P  I  A  X  R  V  M  Z  Y  P  L  E  F  T
Q  G  O  O  M  Y  A  B  U  E  K  W  G  A
```

BACIA	GAVETA
TUBO	CESTA
BANDEJA	PASTA
CAIXA	PACOTE
BALDE	JAR
ENVELOPE	VASO
GARRAFA	BARRIL
MALA	BOLSO

84 - Surfen

```
T E M P O J G H F Ç H S P O
J X U R A P I D E Z V O R N
K T L E S T I L O K F Ç I Ç
P R T C C A M P E Ã O O N R
Ç E I I B O E Z M Y R C C J
Ç M D F A E P S L M Ç E I L
L O Õ E R S A X P A A A P N
C N E U V T O T P U T N I Q
K D S N H Ô T I L C M O A P
F A I G R M U Q P E H A N D
A G E P R A I A K M T Z T W
W V K D C G G M I Ç P A E B
N H W R K O P O P U L A R T
D Ç N Q Y I D A J S V X I V
```

ATLETA
PRINCIPIANTE
EXTREMO
ONDA
CAMPEÃO
FORÇA
ESTÔMAGO
MULTIDÕES

OCEANO
POPULAR
RECIFE
ESPUMA
RAPIDEZ
ESTILO
PRAIA
TEMPO

85 - Rijden

```
E  S  T  R  A  D  A  Y  A  T  O  R  C  M
D  Z  Ú  U  V  P  O  L  Í  C  I  A  O  O
K  K  N  U  J  G  O  K  H  P  Y  P  M  T
A  S  E  G  U  R  A  N  Ç  A  G  I  B  O
G  C  L  F  L  U  G  G  J  K  A  D  U  C
E  A  I  A  T  A  B  Y  P  Ç  R  E  S  I
G  M  C  D  P  B  R  T  G  Z  A  Z  T  C
Á  I  E  Z  E  C  A  R  R  O  G  S  Í  L
S  N  N  Z  R  N  D  Á  Q  G  E  O  V  E
Ç  H  Ç  N  I  W  T  F  T  D  M  Ç  E  T
Z  Ã  A  Z  G  F  R  E  I  O  S  A  L  A
T  O  J  H  O  D  N  G  R  Ç  L  Y  P  Z
Z  M  M  O  T  O  R  O  K  G  C  F  D  A
F  C  K  F  M  R  P  E  D  E  S  T  R  E
```

CARRO	POLÍCIA
COMBUSTÍVEL	FREIOS
GARAGEM	RAPIDEZ
GÁS	RUA
PERIGO	TÚNEL
MAPA	SEGURANÇA
LICENÇA	TRÁFEGO
MOTOR	PEDESTRE
MOTOCICLETA	CAMINHÃO
ACIDENTE	ESTRADA

86 - Wetenschap

```
H W B C L H Q G M A A G Q E
K I F U L P M Y É W P J U X
T S P F C I X R T C V J Í P
T Z X Ó R J M U O Q M D M E
L S T S T K D A D O S X I R
F B F S E E S X O Y L A C I
A Í Y I S F S Á T O M O O Ê
T Ç S L M I N E R A I S Q N
O G V I O R G A N I S M O C
V R E Ç C I E N T I S T A I
M J N C N A T U R E Z A D A
P A R T Í C U L A S N A B T
I L A B O R A T Ó R I O Ç O
M G C M O L É C U L A S U Ç
```

ÁTOMO	LABORATÓRIO
QUÍMICO	MÉTODO
PARTÍCULAS	MINERAIS
EXPERIÊNCIA	MOLÉCULAS
FATO	NATUREZA
FÓSSIL	FÍSICA
DADOS	ORGANISMO
HIPÓTESE	CIENTISTA
CLIMA	

87 - Badkamer

```
T O R N E I R A E E B P V E
E A D Z Z L N Á G U A E B S
S M P B A N H O B O N R L P
O K E E V R M J N J H F O O
U C F D T Ç D O F X E U Ç N
R H J X L E Z I F P I M Ã J
A U X E S P E L H O R E O A
W V A P O R M I H P O V G U
D E M L J B E H Y V H C K N
Ç I P J A U O Y X K Q Q J O
G R U F H H P L B P G M C Y
T O T O A L H A H A A G E I
X R V C U F C U S A B Ã O Q
J V Q N C U D F Q X S J A Z
```

BANHO	XAMPU
BOLHAS	ESPELHO
CHUVEIRO	ESPONJA
TOALHA	VAPOR
TORNEIRA	TAPETE
LOÇÃO	ÁGUA
PERFUME	BANHEIRO
TESOURA	SABÃO

88 - Speelgoed

```
P I U D F A B F A Y B W V U
I I Z E Y V B A X R A B S T
P M H Y C I G V A B G R Z D
A B A U H Ã R O D O M I A E
T A B G L O O R R N Z J L E
I T I G I P B I E E E G U A
N E C L V N Ô T Z C E O G C
T R I D R G A O B A F T B A
A I C B O L A Ç B A R C O R
S A L H S O K Q Ã V X Q V R
F T E Z C D G V J O G O S O
A R T E S A N A T O Ç O V Y
N Ç A C A M I N H Ã O X E X
G R J G R X Q R H B H H C B
```

ARTESANATO
CARRO
BOLA
LIVROS
BARCO
BATERIA
FAVORITO
BICICLETA
JOGOS

ARGILA
BONECA
ROBÔ
XADREZ
IMAGINAÇÃO
TINTAS
PIPA
AVIÃO
CAMINHÃO

89 - Muziekinstrumenten

```
Q  R  D  W  T  A  M  B  O  R  Y  G  B  M
B  A  N  D  O  L  I  M  A  R  I  M  B  A
F  F  T  K  I  B  G  G  H  N  O  J  O  K
H  A  R  P  A  N  Y  O  E  E  J  I  N  V
F  G  O  V  F  C  W  N  U  Q  N  O  G  I
L  O  M  P  I  G  I  G  G  A  I  T  A  O
A  T  B  I  B  O  P  O  U  J  T  R  X  L
U  E  O  A  C  C  L  L  F  A  F  R  J  Ã
T  L  N  N  P  T  R  O  M  P  E  T  E  O
A  Ç  E  O  S  P  E  S  N  Z  N  X  O  D
C  L  A  R  I  N  E  T  E  C  U  Z  B  I
P  A  N  D  E  I  R  O  O  R  E  P  O  L
P  E  R  C  U  S  S  Ã  O  U  X  L  É  P
S  A  X  O  F  O  N  E  H  A  N  S  O  J
```

BANJO	MARIMBA
VIOLONCELO	GAITA
FAGOTE	PERCUSSÃO
FLAUTA	PIANO
VIOLÃO	SAXOFONE
GONGO	PANDEIRO
HARPA	TROMBONE
OBOÉ	TAMBOR
CLARINETE	TROMPETE
BANDOLIM	

90 - Activiteiten en Vrije Ti

```
F U T E B O L V M W V A C J
R E L A X A N T E W O S B A
A N B A S Q U E T E L E O R
C U E P E S C A K E E C H D
A P I N T U R A U G I U O I
M Q S T Ç G U U T R B P B N
P R E U Ê H W U W T O T B A
A K B S A N G N B C L Ç I G
M M O Q R V I H G O L F E E
E B L B T B P S G R X X S M
N M V S E E Ç S U R F E B R
T N A T A Ç Ã O V I A G E M
O M E R G U L H O D J B J K
L B E C A M I N H A D A L L
```

BASQUETE
BOXE
MERGULHO
GOLFE
PESCA
HOBBIES
BEISEBOL
ACAMPAMENTO
ARTE
RELAXANTE

CORRIDA
VIAGEM
PINTURA
SURFE
TÊNIS
JARDINAGEM
FUTEBOL
VOLEIBOL
CAMINHADA
NATAÇÃO

91 - Water

```
Y I N U N D A Ç Ã O L M U P
X R A E G N R N U C A O Y C
X R I O V E V B S E G N Ç H
X I E N K E Y I Y A O Ç Q Z
Y G I D F M A S V N P Ã T R
E A S A Z Q Z C E O N O N G
Ç Ç F S K X T X H R B A T E
P Ã E V A P O R A Ç Ã O F L
H O B Z C A N A L N Y B U O
H X T C H U V E I R O K R J
D N J Á U M I D A D E H A E
O K P Q V A P O R H Y J C B
G J C W A E G E A D A Q Ã K
M V R A I H L E U B S B O C
```

CHUVEIRO
POTÁVEL
GEYSER
ONDAS
GELO
IRRIGAÇÃO
CANAL
LAGO
MONÇÃO
OCEANO

FURACÃO
INUNDAÇÃO
CHUVA
RIO
NEVE
VAPOR
EVAPORAÇÃO
UMIDADE
GEADA

92 - Schaken

```
W E S T R A T É G I A A J C
D W O A O K Z N T E M P O A
X P B P C R E G R A S R G M
E R B O Q R N A L X U E A P
G E J N E E I E C M I N D E
X T Ç T C I W F I P D D O Ã
D O O O W H T Z Í O M E R O
Y I P S V R C O N C U R S O
B R A N C O P G V C I J N Y
Z A S G L Q L A W U P O W N
W I S F O X O O D A O G E R
W N I S X N D U Ç H M O M Y
T H V D E S A F I O S A W V
V A O T N L M L C H G F Z F
```

DIAGONAL
CAMPEÃO
REI
RAINHA
APRENDER
SACRIFÍCIO
PASSIVO
PONTOS
REGRAS

JOGO
JOGADOR
ESTRATÉGIA
TEMPO
TORNEIO
DESAFIOS
CONCURSO
BRANCO
PRETO

93 - Boerderij #1

```
G A T O S P Á M P F Q D S F
F R A N G O G B S L E Z U E
B R O P D H U S D B B N C R
B O Ç H W R A N A M E L O T
D Z W T Z M X X B Ç Z Ç R I
C Y D C A M P O E U E M V L
T Z I A Q W E N L Ç R B O I
W K K V R L Ç Z H T R R H Z
O W Ç A A Y H X A C O B O A
E W W L P C Ã O W A T D L N
M V V O U H A F Z B T B P T
A G R I C U L T U R A Y V E
F C E R C A R E B A N H O Q
S E M E N T E S P P B R G J
```

ABELHA
BURRO
CABRA
CERCA
CÃO
MEL
FENO
BEZERRO
GATO
FRANGO

VACA
CORVO
REBANHO
AGRICULTURA
FERTILIZANTE
CAVALO
ARROZ
CAMPO
ÁGUA
SEMENTES

94 - Huis

```
E E P L G Z W Ç T I C P Ç M
S S O E A F G T E L H A D O
P C R I R R P V L W U O P B
E A Ã F A L E P J H V B I I
L D O Z G D D I U N E L K L
H A G Q E W Ç T R J I T C I
O V E Ç M J Ç Q U A R T O Á
B I B L I O T E C A O E Z R
T P A R E D E J H E H T I I
V A S S O U R A A T R O N O
F J P O R T A R M R Y C H G
Y I Y E G X T D I T O N A W
V X S Ó T Ã O I N B P H L R
E Y B B C E G M É C B A V D
```

VASSOURA   COZINHA
BIBLIOTECA   MOBILIÁRIO
TELHADO   PAREDE
PORTA   TETO
CHUVEIRO   CHAMINÉ
GARAGEM   ESPELHO
LAREIRA   TAPETE
CERCA   ESCADA
QUARTO   JARDIM
PORÃO   SÓTÃO

95 - Kleuren

```
R  S  Ç  U  F  U  C  H  S  I  A  A  C  P
P  O  E  T  E  C  I  N  Z  A  Z  M  K  F
K  I  X  F  W  Q  A  N  A  V  U  A  R  V
S  N  S  O  Z  S  N  R  W  S  L  R  O  X
E  V  H  O  M  U  O  Ç  H  U  A  E  H  C
O  P  R  A  P  U  S  H  J  D  R  L  W  C
M  A  G  E  N  T  A  S  A  V  A  O  D  D
M  A  R  R  O  M  J  X  B  E  N  W  M  S
B  P  V  S  B  V  B  L  S  R  J  O  H  V
Q  R  O  S  A  E  N  R  É  M  A  F  Q  D
A  E  V  H  E  R  G  U  P  E  N  N  W  B
H  T  M  Q  I  D  O  E  I  L  V  J  C  W
B  O  X  N  U  E  J  E  A  H  Q  D  Q  O
P  W  Ç  U  B  L  L  H  B  O  V  T  W  G
```

BEGE	MAGENTA
AZUL	LARANJA
MARROM	ROXO
CIANO	VERMELHO
FUCHSIA	ROSA
AMARELO	SÉPIA
CINZA	BRANCO
VERDE	PRETO

96 - Verjaardag

```
K Z A X C A L E N D Á R I O
L K Q J O V E M T X E C H X
Y J P C N A M C J E I Z R U
T L D Z V X D A A M M K M B
A U G T I A M E O R B P Y T
N L H H T Q V M O P T O O Ç
O B E I E L E U S Y Y Õ N P
M O S G S I L G E Y U Ç E D
B L P U R E A M I G O S C S
A O E A O E S U B R H O A X
P O C A P R E N D E R O N Q
G F I B X I E F E L I Z Ç D
G I A H C E L E B R A Ç Ã O
Y K L N A S C E R D I A O M
```

ALEGRE	CARTÕES
BOLO	CALENDÁRIO
DIA	APRENDER
NASCER	CANÇÃO
FELIZ	ESPECIAL
DOM	TEMPO
ANO	CONVITES
JOVEM	CELEBRAÇÃO
VELAS	AMIGOS

97 - Getallen

```
N S Y Q Y O Ç V A U U L U M
Q O I T O I Q U I N Z E L D
U B V D O Z E U Z N X O K E
A M W E P T E Q U A T R O Z
T B Ç Z D J I B T Z R E I E
O Y S E E D P L R D Ê O N S
R P F S Z E R O E O S N F S
Z E C S E Z N V Z I T J C E
E V K E N B E P E S B B I T
Ç F T I O S E T E L B O N E
D T G S V L J M S C M R C I
D W V S E I S I D E Z B O S
D E Z O I T O L N S S U U M
X E N L Y G P B K Y J D G E
```

OITO	DOIS
DEZOITO	VINTE
TREZE	QUATORZE
TRÊS	QUATRO
UM	CINCO
NOVE	QUINZE
DEZENOVE	SEIS
ZERO	DEZESSEIS
DEZ	SETE
DOZE	DEZESSETE

98 - Boerderij #2

```
X A C E V A D A O X C A X A
L H A M A X S Z V P E N M G
C E T V E D Q C E U L I E R
O I I R M J K Ç L U E M W I
L R Z T A L T P H I I A N C
M R M K E T S G A P R I W U
E I T P A T O T J C O S F L
I G P R A D O R P O M A R T
A A H I J S Ç I L R A D U O
T Ç P D Q N T G X D D X T R
W Ã M I L H O O N E U Y A R
C O P Q N N F L R I R R P A
V E G E T A L N J R O J Q Y
E V J D A R T S Q O N P D Y
```

COLMEIA	CORDEIRO
AGRICULTOR	LHAMA
POMAR	MILHO
ANIMAIS	LEITE
PATO	MADURO
FRUTA	OVELHA
CEVADA	CELEIRO
VEGETAL	TRIGO
PASTOR	TRATOR
IRRIGAÇÃO	PRADO

99 - Voeding

```
C A R B O I D R A T O S E I
M U F U U G I W D S M W Y U
T O X I N A D J I C A N Q K
L Í Q U I D O S G Ç C B X F
C O M E S T Í V E L A H O E
X Q S Q F Q S D S Z L X Q R
C E N A P E T I T E O V U M
G Q U O U W J E Ã M R I A E
B A T O K D L T O O I T L N
A M A R G O Á A Y L A A I T
P E S O B F A V K H S M D A
S A Ú D E C Ç J E O I I A Ç
P R O T E Í N A S L R N D Ã
E Q U I L I B R A D O A E O
```

AMARGO
CALORIAS
DIETA
COMESTÍVEL
APETITE
PROTEÍNAS
EQUILIBRADO
FERMENTAÇÃO
PESO
SAUDÁVEL

SAÚDE
CARBOIDRATOS
QUALIDADE
MOLHO
SABOR
DIGESTÃO
TOXINA
VITAMINA
LÍQUIDOS

1 - Metingen

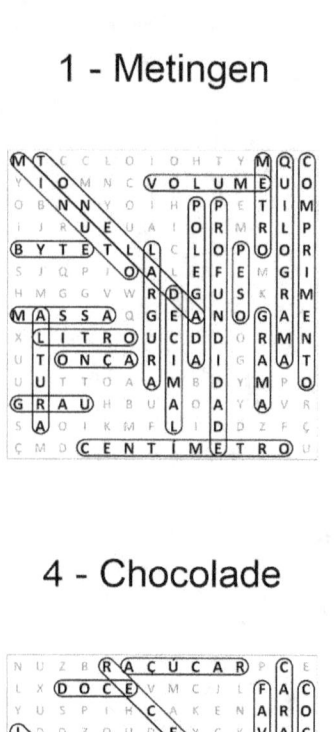

2 - Keuken

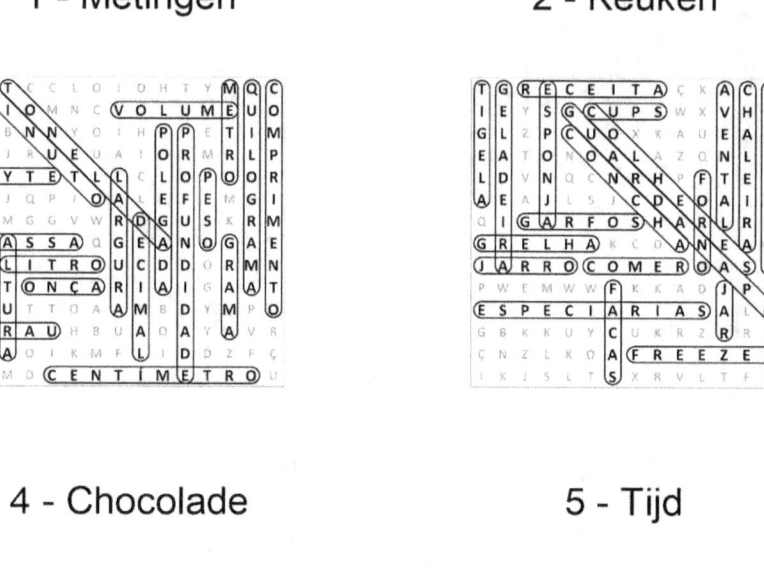

3 - Boten

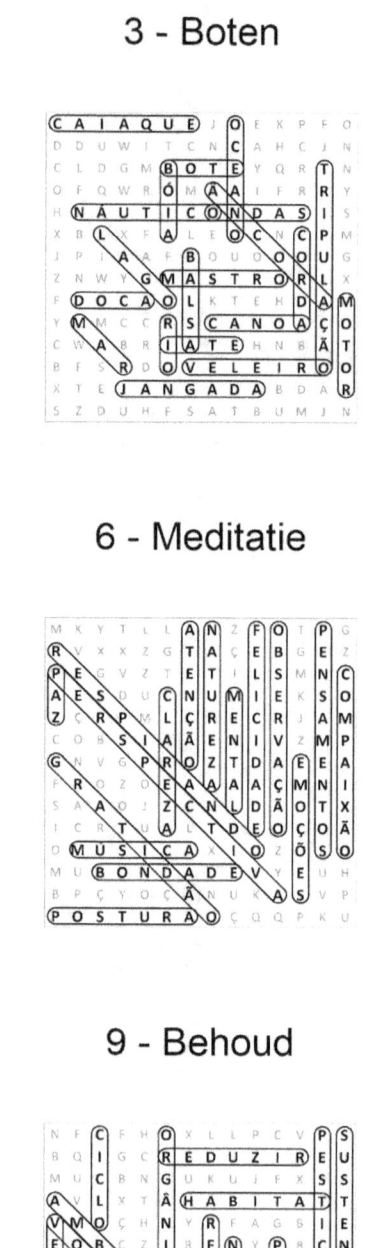

4 - Chocolade

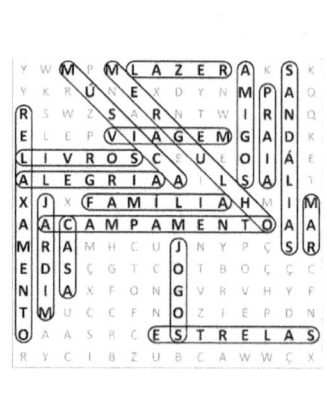

5 - Tijd

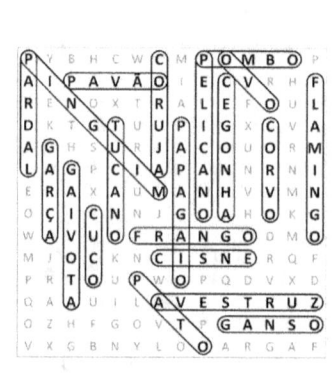

6 - Meditatie

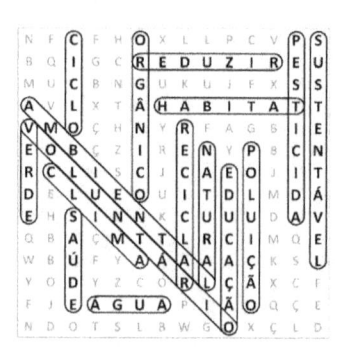

7 - Zomer

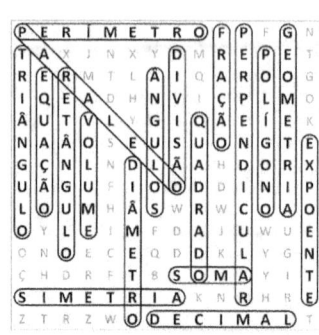

8 - Vogels

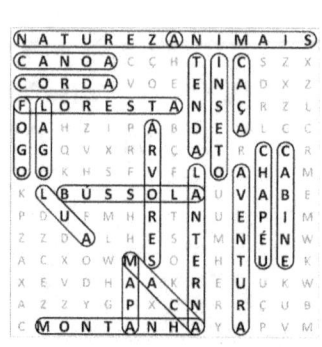

9 - Behoud

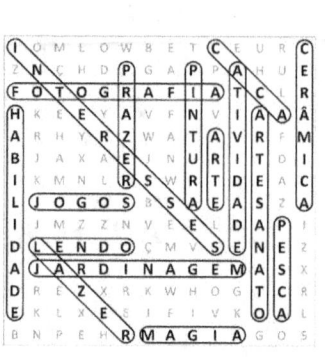

10 - Wiskunde

11 - Camping

12 - Activiteiten

13 - Vormen

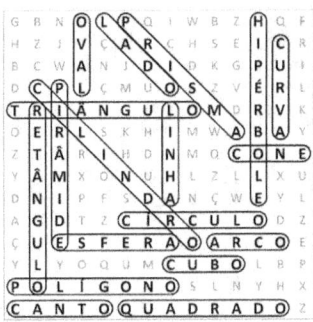

14 - Astronomie

15 - Emoties

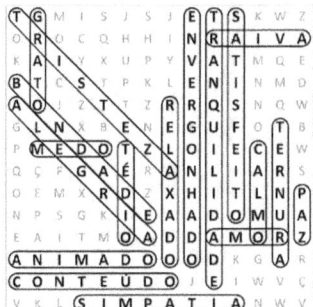

16 - Vakantie #2

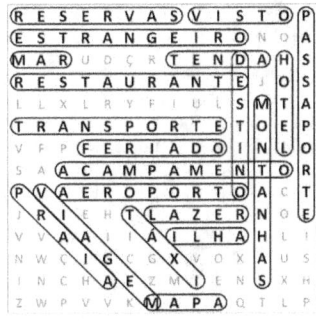

17 - Weersomstandigh

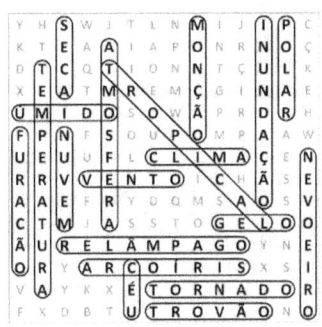

18 - Strand

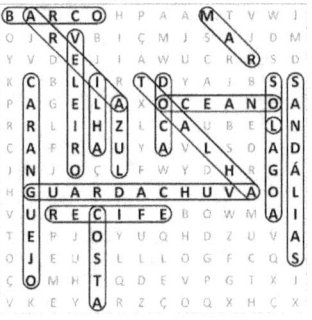

19 - Eten #2

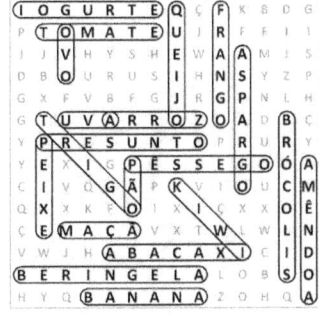

20 - Klimmen

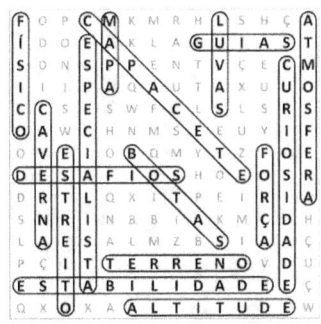

21 - Restaurant #1

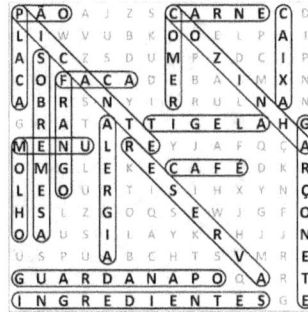

22 - Geologie

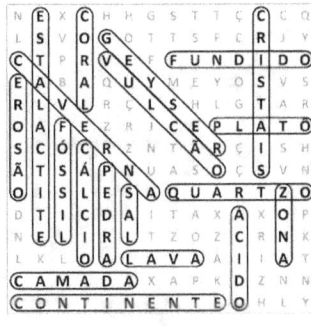

23 - Specerijen

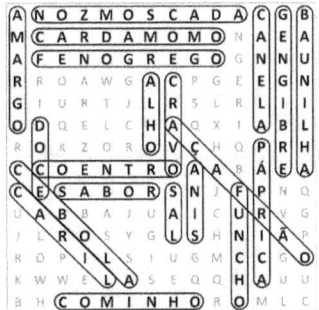

24 - Groenten

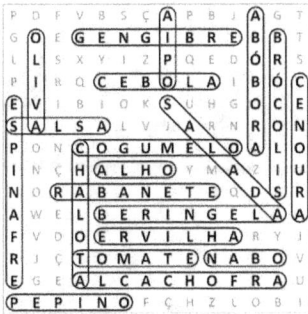

25 - Dans

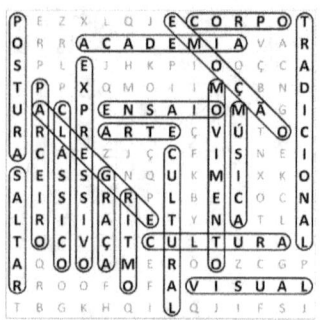

26 - Sport

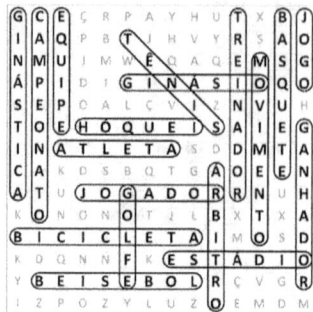

27 - Mythologie

28 - Eten #1

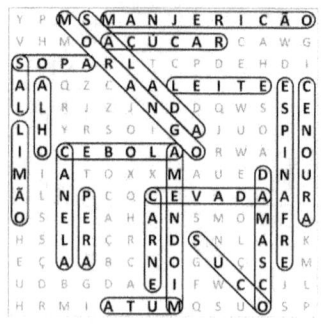

29 - Avontuur

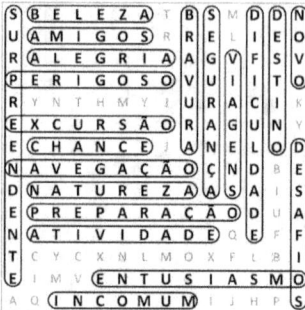

30 - Circus

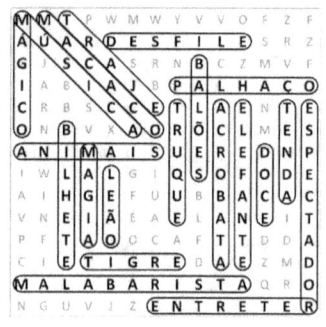

31 - Restaurant #2

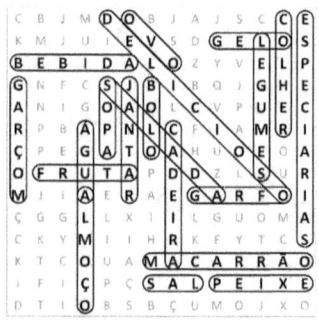

32 - Bijen

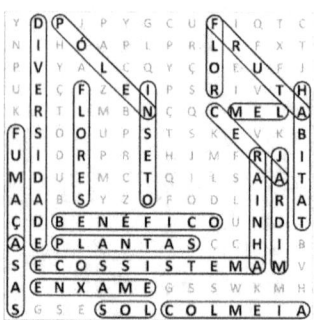

33 - School #1

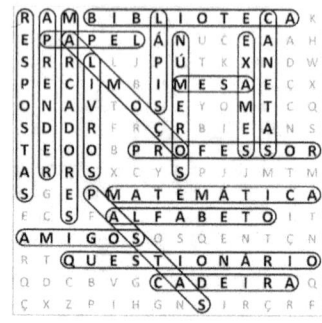

34 - Wandelen

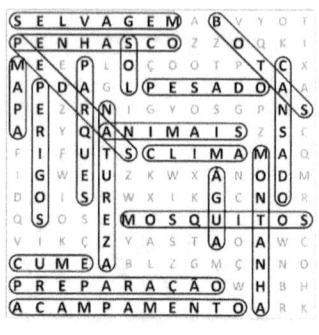

35 - Ecologie

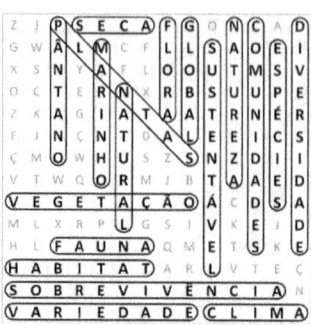

36 - Installaties

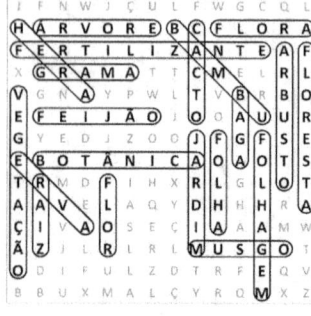

37 - School #2

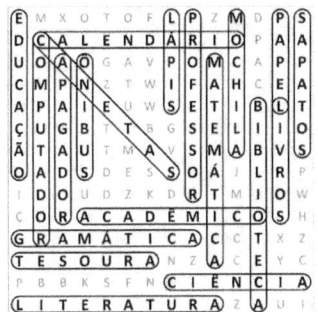

38 - Oceaan

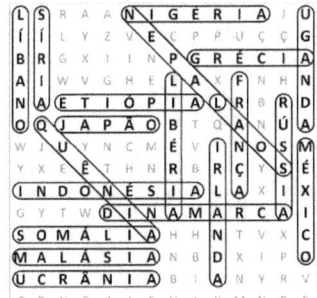

39 - Landen #2

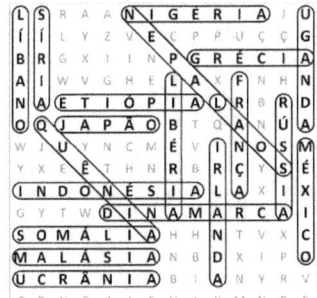

40 - Bloemen

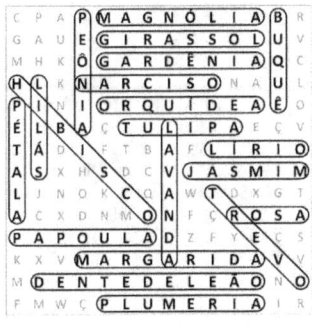

41 - Huisdieren

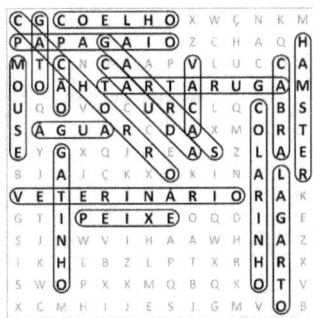

42 - Landschappen

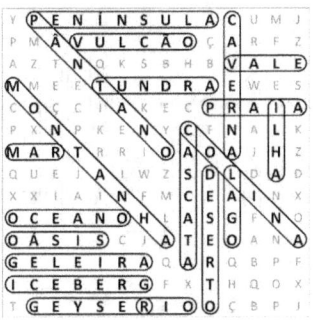

43 - Tuin

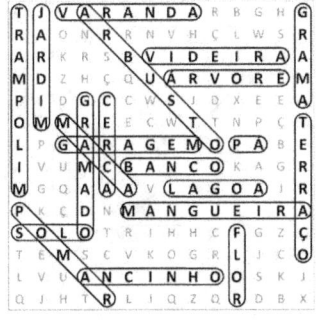

44 - Katten

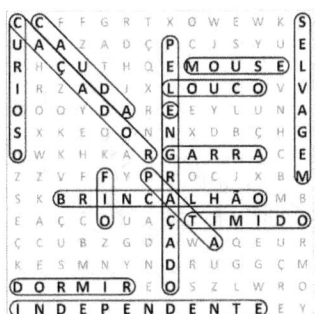

45 - Beroepen #2

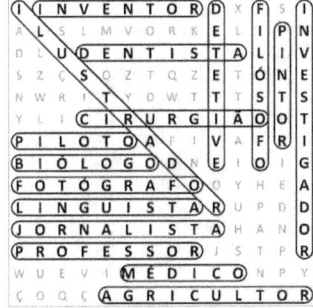

46 - Dagen en Maanden

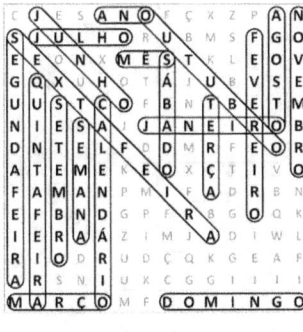

47 - Beeldende Kunsten

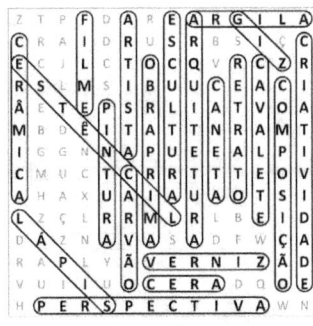

48 - Menselijk Lichaam

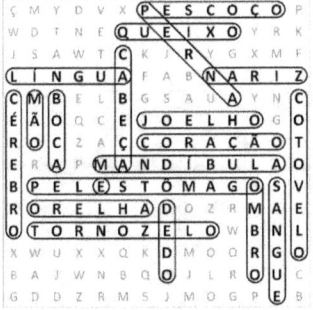

49 - Familie

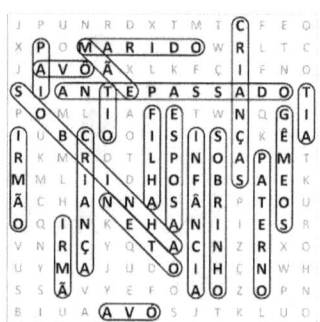

50 - Gebouwen

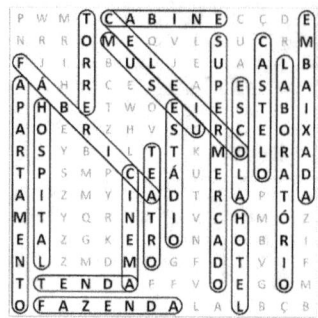

51 - Kunst

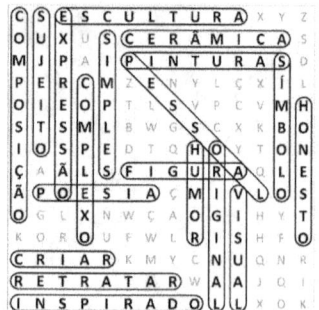

52 - Beroepen #1

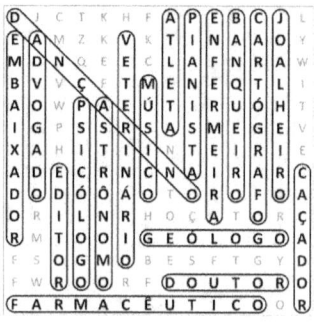

53 - Kastelen

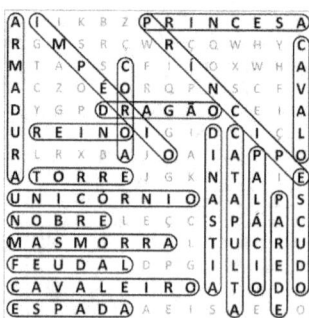

54 - Insecten

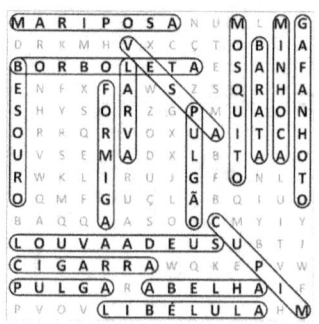

55 - Antarctica

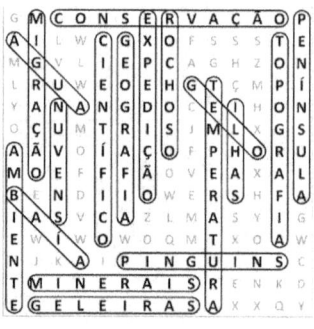

56 - Ballet

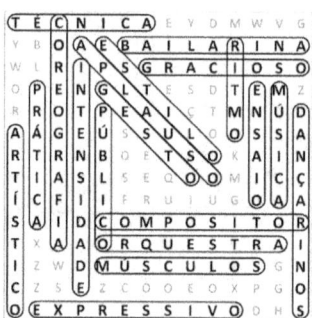

57 - Vissen

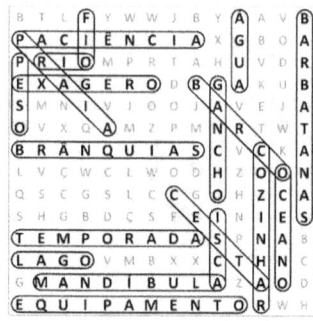

58 - Fruit

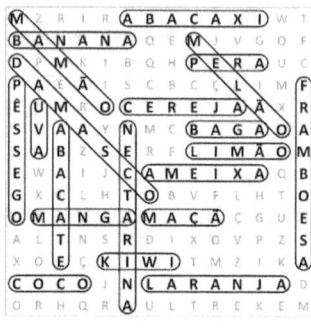

59 - Literatuur

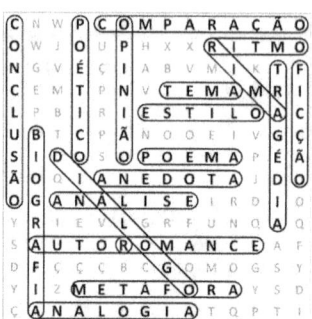

60 - Technologie

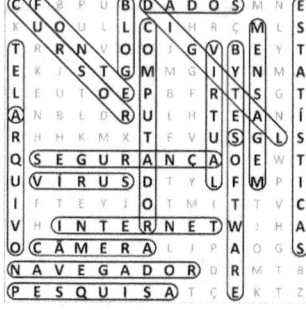

61 - Boeken

62 - Meer Informatie

63 - Regenwoud

64 - Haartypes

65 - Gereedschap Voor het Kok

66 - Stad

67 - Natuur

68 - Dinosaurussen

69 - Zoogdieren

70 - 1 Jaar Geleden

71 - Exploratie

72 - Voertuigen

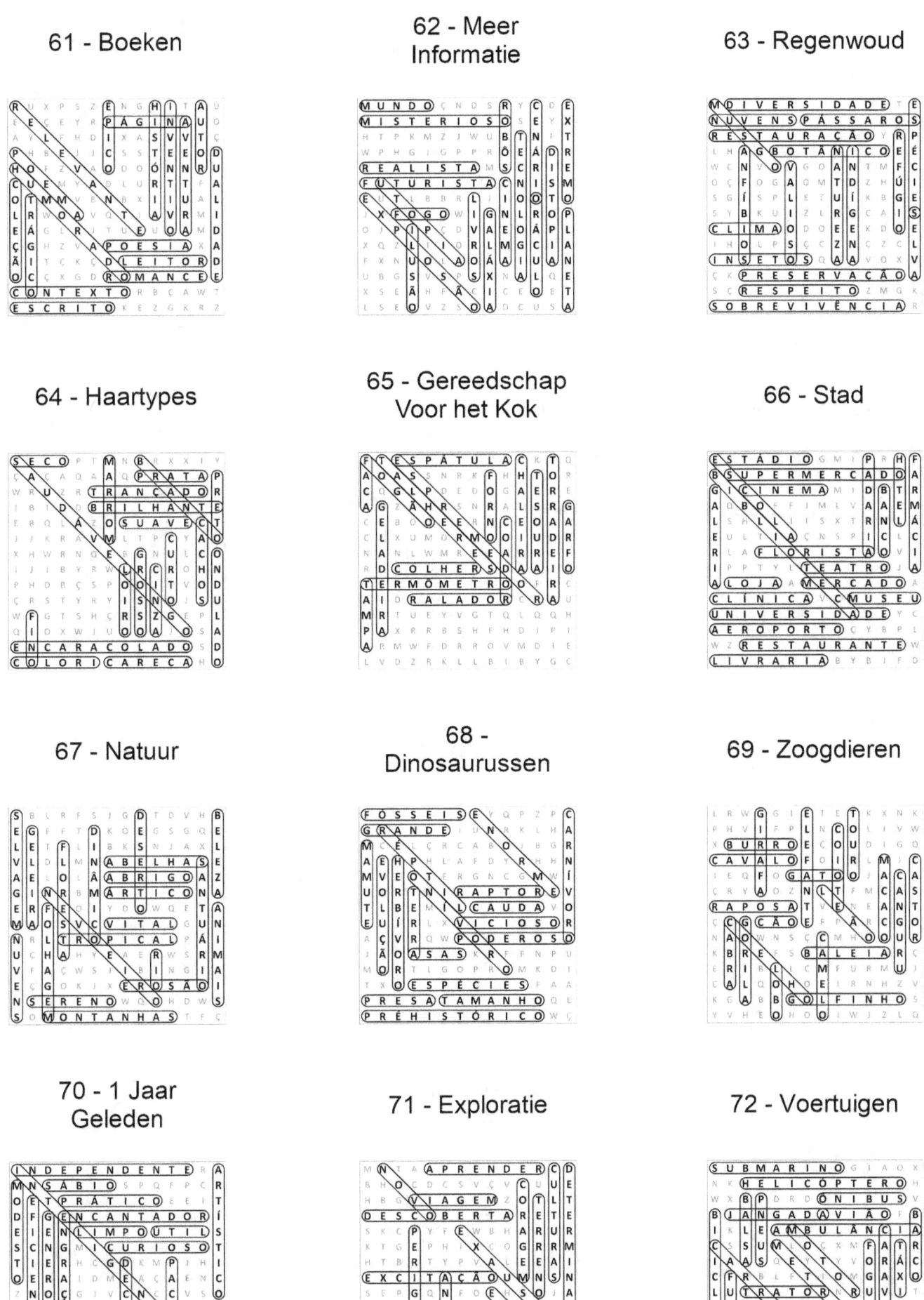

73 - Geografie

74 - Kunstbenodigdhe

75 - Barbecues

76 - Wetenschappelijk

77 - Bijvoeglijke Naamwoorden

78 - Kleding

79 - Vliegtuigen

80 - Herbalisme

81 - Meubels

82 - Piraten

83 - Om in te Vullen

84 - Surfen

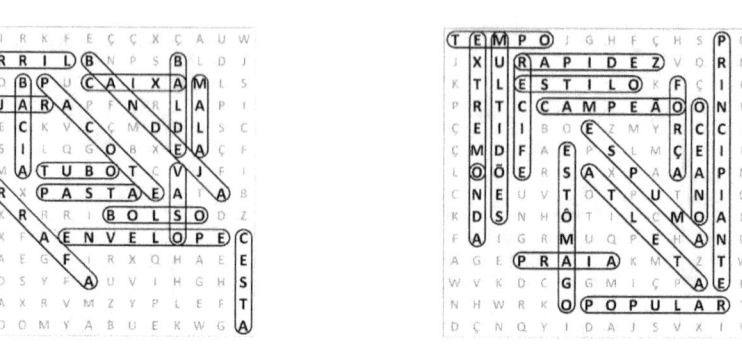

85 - Rijden

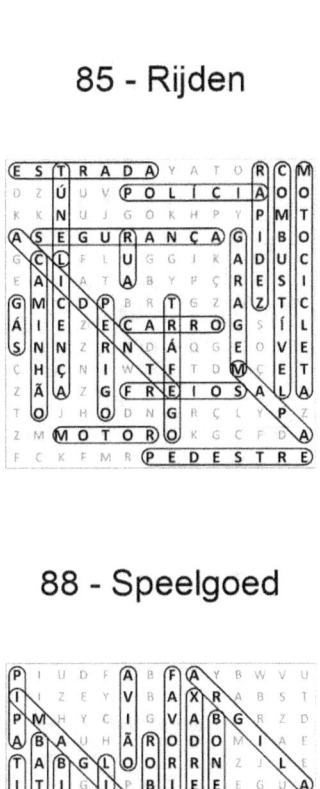

86 - Wetenschap

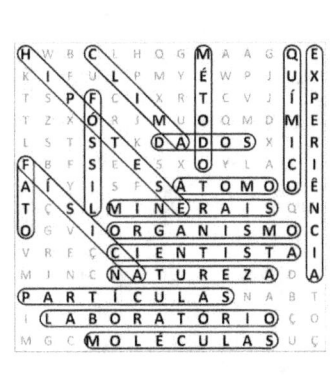

87 - Badkamer

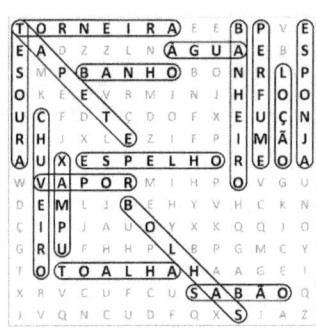

88 - Speelgoed

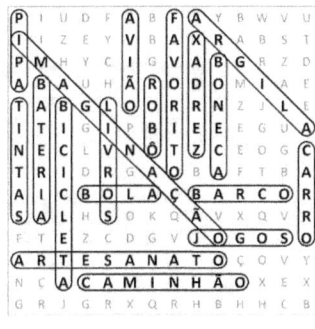

89 - Muziekinstrument

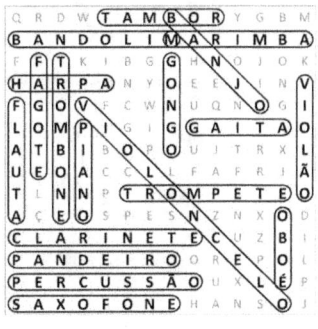

90 - Activiteiten en Vrije Ti

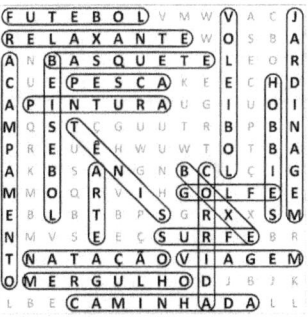

91 - Water

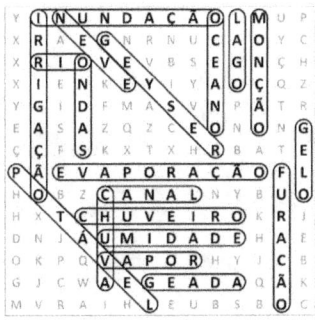

92 - Schaken

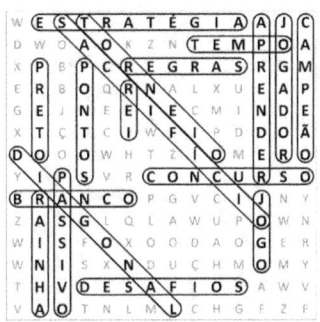

93 - Boerderij #1

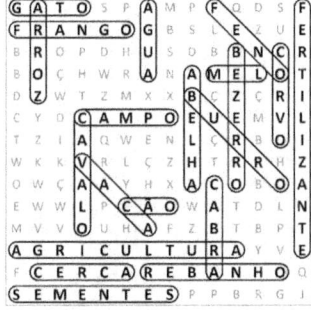

94 - Huis

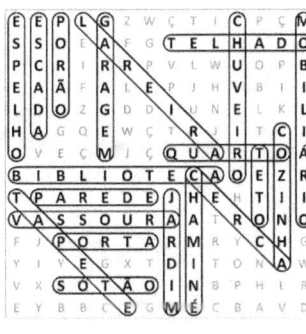

95 - Kleuren

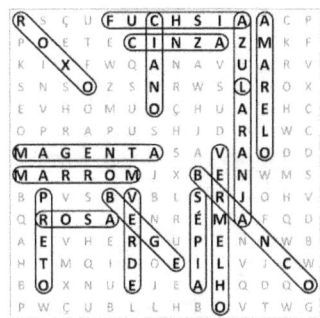

96 - Verjaardag

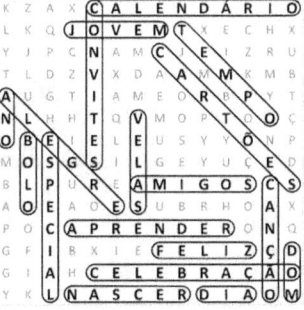

97 - Getallen

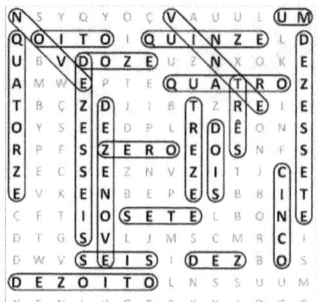

98 - Boerderij #2

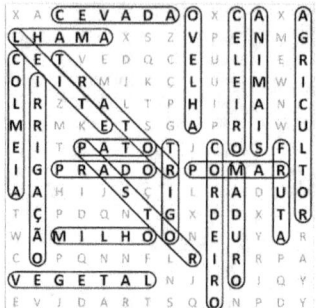

99 - Voeding

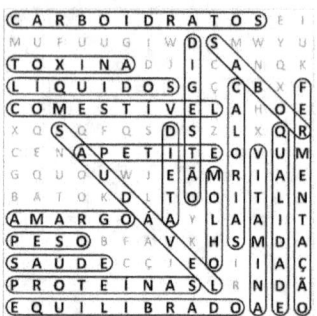

Woordenboek

1 Jaar Geleden
Virtudes #1

Artistiek	Artístico
Behulpzaam	Útil
Bescheiden	Modesto
Beslissend	Decisivo
Charmant	Encantador
Efficiënt	Eficiente
Gepassioneerd	Apaixonado
Goed	Bom
Grappig	Engraçado
Gul	Generoso
Intelligent	Inteligente
Nieuwsgierig	Curioso
Onafhankelijk	Independente
Patiënt	Paciente
Praktisch	Prático
Schoon	Limpo
Wijs	Sábio
Zelfverzekerd	Confiante

Activiteiten
Atividades

Activiteit	Atividade
Ambachten	Artesanato
Belangen	Interesses
Fotografie	Fotografia
Games	Jogos
Hengelsport	Pesca
Jacht	Caca
Keramiek	Cerâmica
Kunst	Arte
Lezen	Lendo
Magie	Magia
Ontspanning	Relaxamento
Plezier	Prazer
Schilderij	Pintura
Tuinieren	Jardinagem
Vaardigheid	Habilidade
Vrije Tijd	Lazer
Wandelen	Caminhada

Activiteiten en Vrije Ti
Atividades e Lazer

Basketbal	Basquete
Boksen	Boxe
Duiken	Mergulho
Golf	Golfe
Hengelsport	Pesca
Hobby	Hobbies
Honkbal	Beisebol
Kamperen	Acampamento
Kunst	Arte
Ontspannen	Relaxante
Racen	Corrida
Reis	Viagem
Schilderij	Pintura
Surfen	Surfe
Tennis	Tênis
Tuinieren	Jardinagem
Voetbal	Futebol
Volleybal	Voleibol
Wandelen	Caminhada
Zwemmen	Natação

Antarctica
Antártica

Baai	Baía
Behoud	Conservação
Continent	Continente
Eilanden	Ilhas
Expeditie	Expedição
Geografie	Geografia
Gletsjers	Geleiras
Ijs	Gelo
Migratie	Migração
Mineralen	Minerais
Omgeving	Ambiente
Onderzoeker	Investigador
Pinguïn	Pinguins
Rotsachtig	Rochoso
Schiereiland	Península
Temperatuur	Temperatura
Topografie	Topografia
Water	Água
Wetenschappelijk	Científico
Wolken	Nuvens

Astronomie
Astronomia

Aarde	Terra
Asteroïde	Asteróide
Astronaut	Astronauta
Astronoom	Astrônomo
Equinox	Equinócio
Komeet	Cometa
Kosmos	Cosmos
Maan	Lua
Meteoor	Meteoro
Nevel	Nebulosa
Observatorium	Observatório
Planeet	Planeta
Raket	Foguete
Satelliet	Satélite
Ster	Estrela
Sterrenbeeld	Constelação
Straling	Radiação
Telescoop	Telescópio
Universum	Universo
Zwaartekracht	Gravidade

Avontuur
Aventura

Activiteit	Atividade
Bestemming	Destino
Enthousiasme	Entusiasmo
Excursie	Excursão
Gevaarlijk	Perigoso
Kans	Chance
Moed	Bravura
Moeilijkheid	Dificuldade
Natuur	Natureza
Navigatie	Navegação
Nieuw	Novo
Ongewoon	Incomum
Reizen	Viagens
Schoonheid	Beleza
Uitdagingen	Desafios
Veiligheid	Segurança
Verrassend	Surpreendente
Voorbereiding	Preparação
Vreugde	Alegria
Vrienden	Amigos

Badkamer
Banheiro

Bad	Banho
Bellen	Bolhas
Douche	Chuveiro
Handdoek	Toalha
Kraan	Torneira
Lotion	Loção
Parfum	Perfume
Schaar	Tesoura
Shampoo	Xampu
Spiegel	Espelho
Spons	Esponja
Stoom	Vapor
Tapijt	Tapete
Water	Água
Wc	Banheiro
Zeep	Sabão

Ballet
Balé

Applaus	Aplauso
Artistiek	Artístico
Ballerina	Bailarina
Choreografie	Coreografia
Componist	Compositor
Dansers	Dançarinos
Expressief	Expressivo
Gebaar	Gesto
Intensiteit	Intensidade
Muziek	Música
Orkest	Orquestra
Praktijk	Prática
Publiek	Público
Repetitie	Ensaio
Ritme	Ritmo
Sierlijk	Gracioso
Spieren	Músculos
Stijl	Estilo
Techniek	Técnica
Vaardigheid	Habilidade

Barbecues
Churrascos

Diner	Jantar
Familie	Família
Fruit	Fruta
Grill	Grelha
Groente	Legumes
Heet	Quente
Honger	Fome
Kip	Frango
Lunch	Almoço
Messen	Facas
Muziek	Música
Peper	Pimenta
Salades	Saladas
Saus	Molho
Tomaten	Tomates
Uien	Cebolas
Uitnodiging	Convite
Vorken	Garfos
Zomer	Verão
Zout	Sal

Beeldende Kunsten
Artes Visuais

Architectuur	Arquitetura
Artiest	Artista
Beeldhouwwerk	Escultura
Creativiteit	Criatividade
Ezel	Cavalete
Film	Filme
Houtskool	Carvão
Keramiek	Cerâmica
Klei	Argila
Krijt	Giz
Meesterwerk	Obra-Prima
Pen	Caneta
Perspectief	Perspectiva
Portret	Retrato
Potlood	Lápis
Samenstelling	Composição
Schilderij	Pintura
Stencil	Estêncil
Vernis	Verniz
Was	Cera

Behoud
Conservação

Duurzaam	Sustentável
Ecosysteem	Ecossistema
Fiets	Ciclo
Gezondheid	Saúde
Groen	Verde
Habitat	Habitat
Klimaat	Clima
Milieu	Ambiental
Natuurlijk	Natural
Onderwijs	Educação
Organisch	Orgânico
Pesticide	Pesticida
Recycleren	Reciclar
Verminderen	Reduzir
Vervuiling	Poluição
Vrijwilliger	Voluntário
Water	Água

Beroepen #1
Profissões #1

Advocaat	Advogado
Ambassadeur	Embaixador
Apotheker	Farmacêutico
Astronoom	Astrônomo
Atleet	Atleta
Bankier	Banqueiro
Cartograaf	Cartógrafo
Danser	Dançarino
Dierenarts	Veterinário
Dokter	Doutor
Editor	Editor
Geoloog	Geólogo
Jager	Caçador
Juwelier	Joalheiro
Loodgieter	Encanador
Muzikant	Músico
Pianist	Pianista
Psycholoog	Psicólogo
Verpleegster	Enfermeira
Wetenschapper	Cientista

Beroepen #2
Profissões #2

Arts	Médico
Astronaut	Astronauta
Bibliothecaris	Bibliotecário
Bioloog	Biólogo
Boer	Agricultor
Chirurg	Cirurgião
Detective	Detetive
Filosoof	Filósofo
Fotograaf	Fotógrafo
Illustrator	Ilustrador
Ingenieur	Engenheiro
Journalist	Jornalista
Leraar	Professor
Linguïst	Linguista
Onderzoeker	Investigador
Piloot	Piloto
Schilder	Pintor
Tandarts	Dentista
Tuinman	Jardineiro
Uitvinder	Inventor

Bijen
Abelhas

Bijenkorf	Colmeia
Bloemen	Flores
Bloesem	Flor
Diversiteit	Diversidade
Ecosysteem	Ecossistema
Fruit	Fruta
Habitat	Habitat
Honing	Mel
Insect	Inseto
Koningin	Rainha
Planten	Plantas
Rook	Fumaça
Stuifmeel	Pólen
Tuin	Jardim
Vleugels	Asas
Voordelig	Benéfico
Was	Cera
Zon	Sol
Zwerm	Enxame

Bijvoeglijke Naamwoorden
Adjetivos #1

Aantrekkelijk	Atraente
Actief	Ativo
Ambitieus	Ambicioso
Aromatisch	Aromático
Artistiek	Artístico
Belangrijk	Importante
Diep	Fundo
Donker	Escuro
Dun	Fino
Eerlijk	Honesto
Exotisch	Exótico
Identiek	Idêntico
Jong	Jovem
Lang	Longo
Langzaam	Lento
Modern	Moderno
Onschuldig	Inocente
Perfect	Perfeito
Waardevol	Valioso
Zwaar	Pesado

Bijvoeglijke Naamwoorden
Adjetivos #2

Authentiek	Autêntico
Begaafd	Dotado
Beschrijvend	Descritivo
Creatief	Criativo
Dramatisch	Dramático
Gezond	Saudável
Hongerig	Faminto
Interessant	Interessante
Moe	Cansado
Natuurlijk	Natural
Nieuw	Novo
Normaal	Normal
Productief	Produtivo
Slaperig	Sonolento
Sterk	Forte
Trots	Orgulhoso
Verantwoordelijk	Responsável
Wild	Selvagem
Zout	Salgado
Zuiver	Puro

Bloemen
Flores

Bloemblad	Pétala
Boeket	Buquê
Gardenia	Gardênia
Hibiscus	Hibisco
Jasmijn	Jasmim
Klaver	Trevo
Lavendel	Lavanda
Lelie	Lírio
Lila	Lilás
Madeliefje	Margarida
Magnolia	Magnólia
Narcis	Narciso
Orchidee	Orquídea
Paardebloem	Dente-De-Leão
Papaver	Papoula
Pioenroos	Peônia
Plumeria	Plumeria
Roos	Rosa
Tulp	Tulipa
Zonnebloem	Girassol

Boeken
Livros

Auteur	Autor
Avontuur	Aventura
Bladzijde	Página
Collectie	Coleção
Context	Contexto
Dualiteit	Dualidade
Episch	Épico
Gedicht	Poema
Geschreven	Escrito
Historisch	Histórico
Humoristisch	Humorado
Inventief	Inventivo
Lezer	Leitor
Literair	Literário
Poëzie	Poesia
Relevant	Relevante
Roman	Romance
Tragisch	Trágico
Verhaal	História
Verteller	Narrador

Boerderij #1
Fazenda #1

Bij	Abelha
Ezel	Burro
Geit	Cabra
Hek	Cerca
Hond	Cão
Honing	Mel
Hooi	Feno
Kalf	Bezerro
Kat	Gato
Kip	Frango
Koe	Vaca
Kraai	Corvo
Kudde	Rebanho
Landbouw	Agricultura
Mest	Fertilizante
Paard	Cavalo
Rijst	Arroz
Veld	Campo
Water	Água
Zaden	Sementes

Boerderij #2
Fazenda #2

Bijenkorf	Colmeia
Boer	Agricultor
Boomgaard	Pomar
Dieren	Animais
Eend	Pato
Fruit	Fruta
Gerst	Cevada
Groente	Vegetal
Herder	Pastor
Irrigatie	Irrigação
Lam	Cordeiro
Lama	Lhama
Maïs	Milho
Melk	Leite
Rijp	Maduro
Schaap	Ovelha
Schuur	Celeiro
Tarwe	Trigo
Tractor	Trator
Weide	Prado

Boten
Barcos

Anker	Âncora
Bemanning	Tripulação
Boei	Bóia
Dok	Doca
Golven	Ondas
Jacht	Iate
Kajak	Caiaque
Kano	Canoa
Mast	Mastro
Meer	Lago
Motor	Motor
Nautisch	Náutico
Oceaan	Oceano
Reddingsboot	Bote
Rivier	Rio
Touw	Corda
Veerboot	Balsa
Vlot	Jangada
Zee	Mar
Zeilboot	Veleiro

Camping
Acampamento

Avontuur	Aventura
Berg	Montanha
Bomen	Árvores
Bos	Floresta
Brand	Fogo
Cabine	Cabine
Dieren	Animais
Hangmat	Maca
Hoed	Chapéu
Insect	Inseto
Jacht	Caça
Kaart	Mapa
Kano	Canoa
Kompas	Bússola
Lantaarn	Lanterna
Maan	Lua
Meer	Lago
Natuur	Natureza
Tent	Tenda
Touw	Corda

Chocolade
Chocolate

Antioxidant	Antioxidante
Aroma	Aroma
Artisanaal	Artesanal
Bitter	Amargo
Cacao	Cacau
Calorieën	Calorias
Eten	Comer
Exotisch	Exótico
Favoriet	Favorito
Heerlijk	Delicioso
Ingrediënt	Ingrediente
Karamel	Caramelo
Kokosnoot	Coco
Kwaliteit	Qualidade
Pinda'S	Amendoins
Poeder	Pó
Recept	Receita
Smaak	Gosto
Suiker	Açúcar
Zoet	Doce

Circus
Circo

Aap	Macaco
Acrobaat	Acrobata
Ballonnen	Balões
Clown	Palhaço
Dieren	Animais
Goochelaar	Mágico
Jongleur	Malabarista
Kaartje	Bilhete
Kostuum	Traje
Leeuw	Leão
Magie	Magia
Muziek	Música
Olifant	Elefante
Parade	Desfile
Snoep	Doce
Tent	Tenda
Tijger	Tigre
Toeschouwer	Espectador
Truc	Truque
Vermaken	Entreter

Dagen en Maanden
Dias e Meses

Augustus	Agosto
Dinsdag	Terça
Donderdag	Quinta-Feira
Februari	Fevereiro
Jaar	Ano
Januari	Janeiro
Juli	Julho
Juni	Junho
Kalender	Calendário
Maand	Mês
Maandag	Segunda-Feira
Maart	Março
November	Novembro
Oktober	Outubro
September	Setembro
Vrijdag	Sexta-Feira
Week	Semana
Woensdag	Quarta-Feira
Zaterdag	Sábado
Zondag	Domingo

Dans
Dança

Academie	Academia
Beweging	Movimento
Blij	Alegre
Choreografie	Coreografia
Cultureel	Cultural
Cultuur	Cultura
Emotie	Emoção
Expressief	Expressivo
Genade	Graça
Houding	Postura
Klassiek	Clássico
Kunst	Arte
Lichaam	Corpo
Muziek	Música
Partner	Parceiro
Repetitie	Ensaio
Ritme	Ritmo
Springen	Saltar
Traditioneel	Tradicional
Visueel	Visual

Dinosaurussen
Dinossauros

Aarde	Terra
Carnivoor	Carnívoro
Enorm	Enorme
Evolutie	Evolução
Fossielen	Fósseis
Groot	Grande
Grootte	Tamanho
Herbivoor	Herbívoro
Krachtig	Poderoso
Mammoet	Mamute
Omnivoor	Onívoro
Prehistorisch	Pré-Histórico
Prooi	Presa
Reptiel	Réptil
Roofvogel	Raptor
Soort	Espécies
Staart	Cauda
Vicieuze	Vicioso
Vleugels	Asas

Ecologie
Ecologia

Bergen	Montanhas
Diversiteit	Diversidade
Droogte	Seca
Duurzaam	Sustentável
Fauna	Fauna
Flora	Flora
Gemeenschappen	Comunidades
Globaal	Global
Habitat	Habitat
Klimaat	Clima
Marinier	Marinho
Moeras	Pântano
Natuur	Natureza
Natuurlijk	Natural
Overleving	Sobrevivência
Planten	Plantas
Soort	Espécies
Variëteit	Variedade
Vegetatie	Vegetação
Vrijwilligers	Voluntários

Emoties
Emoções

Angst	Medo
Beschaamd	Envergonhado
Dankbaar	Grato
Droefheid	Tristeza
Inhoud	Conteúdo
Kalm	Calmo
Liefde	Amor
Ontspannen	Relaxado
Opgewonden	Animado
Rust	Tranquilidade
Sympathie	Simpatia
Tederheid	Ternura
Tevreden	Satisfeito
Verveling	Tédio
Vrede	Paz
Vreugde	Alegria
Vriendelijkheid	Bondade
Woede	Raiva

Eten #1
Comida #1

Aardbei	Morango
Abrikoos	Damasco
Basilicum	Manjericão
Citroen	Limão
Gerst	Cevada
Kaneel	Canela
Knoflook	Alho
Melk	Leite
Peer	Pera
Pinda	Amendoim
Salade	Salada
Sap	Suco
Soep	Sopa
Spinazie	Espinafre
Suiker	Açúcar
Tonijn	Atum
Ui	Cebola
Vlees	Carne
Wortel	Cenoura
Zout	Sal

Eten #2
Comida # 2

Amandel	Amêndoa
Ananas	Abacaxi
Appel	Maçã
Asperge	Aspargo
Aubergine	Beringela
Banaan	Banana
Broccoli	Brócolis
Brood	Pão
Druif	Uva
Ei	Ovo
Ham	Presunto
Kaas	Queijo
Kip	Frango
Kiwi	Kiwi
Perzik	Pêssego
Rijst	Arroz
Tarwe	Trigo
Tomaat	Tomate
Vis	Peixe
Yoghurt	Iogurte

Exploratie
Exploração

Activiteit	Atividade
Bepaling	Determinação
Culturen	Culturas
Dieren	Animais
Gevaren	Perigos
Leren	Aprender
Moed	Coragem
Nieuw	Novo
Onbekend	Desconhecido
Ontdekking	Descoberta
Opwinding	Excitação
Reis	Viagem
Ruimte	Espaço
Taal	Língua
Terrein	Terreno
Uitputting	Exaustão
Ver	Distante
Wild	Selvagem

Familie
Família

Broer	Irmão
Dochter	Filha
Grootmoeder	Avó
Jeugd	Infância
Kind	Criança
Kinderen	Crianças
Kleinzoon	Neto
Man	Marido
Moeder	Mãe
Neef	Sobrinho
Nicht	Sobrinha
Oom	Tio
Opa	Avô
Tante	Tia
Tweeling	Gêmeos
Vader	Pai
Vaderlijk	Paterno
Voorouder	Antepassado
Vrouw	Esposa
Zus	Irmã

Fruit
Frutas

Abrikoos	Damasco
Ananas	Abacaxi
Appel	Maçã
Avocado	Abacate
Banaan	Banana
Bes	Baga
Citroen	Limão
Druif	Uva
Framboos	Framboesa
Kers	Cereja
Kiwi	Kiwi
Kokosnoot	Coco
Mango	Manga
Meloen	Melão
Nectarine	Nectarina
Oranje	Laranja
Papaja	Mamão
Peer	Pera
Perzik	Pêssego
Pruim	Ameixa

Gebouwen
Edifícios

Ambassade	Embaixada
Appartement	Apartamento
Bioscoop	Cinema
Boerderij	Fazenda
Cabine	Cabine
Fabriek	Fábrica
Hotel	Hotel
Kasteel	Castelo
Laboratorium	Laboratório
Museum	Museu
Observatorium	Observatório
School	Escola
Schuur	Celeiro
Stadion	Estádio
Supermarkt	Supermercado
Tent	Tenda
Theater	Teatro
Toren	Torre
Universiteit	Universidade
Ziekenhuis	Hospital

Geografie
Geografia

Atlas	Atlas
Berg	Montanha
Breedtegraad	Latitude
Continent	Continente
Eiland	Ilha
Evenaar	Equador
Halfrond	Hemisfério
Hoogte	Altitude
Kaart	Mapa
Land	País
Meridiaan	Meridiano
Noorden	Norte
Oceaan	Oceano
Regio	Região
Rivier	Rio
Stad	Cidade
Wereld	Mundo
Westen	Oeste
Zee	Mar
Zuiden	Sul

Geologie
Geologia

Aardbeving	Terremoto
Calcium	Cálcio
Continent	Continente
Erosie	Erosão
Fossiel	Fóssil
Geiser	Geyser
Gesmolten	Fundido
Grot	Caverna
Koraal	Coral
Kristallen	Cristais
Kwarts	Quartzo
Laag	Camada
Lava	Lava
Plateau	Platô
Stalactiet	Estalactite
Steen	Pedra
Vulkaan	Vulcão
Zone	Zona
Zout	Sal
Zuur	Ácido

Gereedschap Voor het Kok
Ferramentas de Cozinha

Bestek	Talheres
Broodrooster	Torradeira
Deksel	Tampa
Kachel	Fogão
Ketel	Chaleira
Koelkast	Geladeira
Lepel	Colher
Mes	Faca
Oven	Forno
Rasp	Ralador
Sapcentrifuge	Espremedor
Schaar	Tesoura
Spatel	Espátula
Thermometer	Termômetro
Vergiet	Coador
Vork	Garfo

Getallen
Números

Acht	Oito
Achttien	Dezoito
Dertien	Treze
Drie	Três
Een	Um
Negen	Nove
Negentien	Dezenove
Nul	Zero
Tien	Dez
Twaalf	Doze
Twee	Dois
Twintig	Vinte
Veertien	Quatorze
Vier	Quatro
Vijf	Cinco
Vijftien	Quinze
Zes	Seis
Zestien	Dezesseis
Zeven	Sete
Zeventien	Dezessete

Groenten
Vegetais

Artisjok	Alcachofra
Aubergine	Beringela
Broccoli	Brócolis
Erwt	Ervilha
Gember	Gengibre
Knoflook	Alho
Komkommer	Pepino
Olijf	Oliva
Paddestoel	Cogumelo
Peterselie	Salsa
Pompoen	Abóbora
Raap	Nabo
Radijs	Rabanete
Salade	Salada
Selderij	Aipo
Sjalot	Chalota
Spinazie	Espinafre
Tomaat	Tomate
Ui	Cebola
Wortel	Cenoura

Haartypes
Tipos de Cabelo

Blond	Loiro
Bruin	Marrom
Dik	Grosso
Droog	Seco
Dun	Fino
Gekleurd	Colori
Gevlochten	Trançado
Gezond	Saudável
Glimmend	Brilhante
Golvend	Ondulado
Grijs	Cinza
Kaal	Careca
Kort	Curto
Krullen	Cachos
Krullend	Encaracolado
Lang	Longo
Wit	Branco
Zacht	Suave
Zilver	Prata
Zwart	Preto

Herbalisme
Herbalismo

Aromatisch	Aromático
Basilicum	Manjericão
Bloem	Flor
Culinair	Culinário
Dille	Endro
Dragon	Estragão
Groen	Verde
Ingrediënt	Ingrediente
Knoflook	Alho
Kwaliteit	Qualidade
Lavendel	Lavanda
Marjolein	Manjerona
Oregano	Orégano
Peterselie	Salsa
Rozemarijn	Alecrim
Saffraan	Açafrão
Smaak	Sabor
Tijm	Tomilho
Tuin	Jardim
Venkel	Funcho

Huis
Casa

Bezem	Vassoura
Bibliotheek	Biblioteca
Dak	Telhado
Deur	Porta
Douche	Chuveiro
Garage	Garagem
Haard	Lareira
Hek	Cerca
Kamer	Quarto
Kelder	Porão
Keuken	Cozinha
Meubilair	Mobiliário
Muur	Parede
Plafond	Teto
Schoorsteen	Chaminé
Spiegel	Espelho
Tapijt	Tapete
Trap	Escada
Tuin	Jardim
Zolder	Sótão

Huisdieren
Animais de Estimação

Dierenarts	Veterinário
Geit	Cabra
Hagedis	Lagarto
Hamster	Hamster
Hond	Cão
Kat	Gato
Katje	Gatinho
Klauwen	Garras
Koe	Vaca
Konijn	Coelho
Kraag	Colarinho
Muis	Mouse
Papegaai	Papagaio
Puppy	Cachorro
Schildpad	Tartaruga
Staart	Cauda
Vis	Peixe
Water	Água

Insecten
Insetos

Bidsprinkhaan	Louva-A-Deus
Bij	Abelha
Bladluis	Pulgão
Cicade	Cigarra
Kakkerlak	Barata
Kever	Besouro
Larve	Larva
Libel	Libélula
Mier	Formiga
Mot	Mariposa
Mug	Mosquito
Sprinkhaan	Gafanhoto
Termiet	Cupim
Vlinder	Borboleta
Vlo	Pulga
Wesp	Vespa
Worm	Minhoca

Installaties
Plantas

Bamboe	Bambu
Bes	Baga
Blad	Folha
Bloem	Flor
Boom	Árvore
Boon	Feijão
Bos	Floresta
Cactus	Cacto
Flora	Flora
Gebladerte	Folhagem
Gras	Grama
Klimop	Hera
Kruid	Erva
Mest	Fertilizante
Mos	Musgo
Plantkunde	Botânica
Struik	Arbusto
Tuin	Jardim
Vegetatie	Vegetação
Wortel	Raiz

Kastelen
Castelos

Draak	Dragão
Dynastie	Dinastia
Edele	Nobre
Eenhoorn	Unicórnio
Feodaal	Feudal
Harnas	Armadura
Katapult	Catapulta
Kerker	Masmorra
Koninkrijk	Reino
Kroon	Coroa
Muur	Parede
Paard	Cavalo
Paleis	Palácio
Prins	Príncipe
Prinses	Princesa
Ridder	Cavaleiro
Rijk	Império
Schild	Escudo
Toren	Torre
Zwaard	Espada

Katten
Gatos

Bont	Pele
Garen	Fio
Gek	Louco
Grappig	Engraçado
Jager	Caçador
Klauw	Garra
Muis	Mouse
Nieuwsgierig	Curioso
Onafhankelijk	Independente
Persoonlijkheid	Personalidade
Poot	Pata
Slaap	Dormir
Speels	Brincalhão
Staart	Cauda
Verlegen	Tímido
Wild	Selvagem

Keuken
Cozinha

Cup	Cups
Eetstokjes	Pauzinhos
Eten	Comer
Grill	Grelha
Ketel	Chaleira
Koelkast	Geladeira
Kom	Tigela
Kruik	Jarro
Lepels	Colheres
Messen	Facas
Oven	Forno
Pollepel	Concha
Pot	Jar
Recept	Receita
Schort	Avental
Servet	Guardanapo
Specerijen	Especiarias
Spons	Esponja
Vorken	Garfos
Vriezer	Freezer

Kleding
Roupas

Armband	Pulseira
Blouse	Blusa
Broek	Calça
Handschoenen	Luvas
Hoed	Chapéu
Jas	Casaco
Jasje	Jaqueta
Jurk	Vestido
Ketting	Colar
Mode	Moda
Pyjama	Pijama
Riem	Cinto
Rok	Saia
Sandalen	Sandálias
Schoen	Sapato
Schort	Avental
Shirt	Camisa
Sjaal	Lenço
Sokken	Meias
Trui	Suéter

Kleuren
Cores

Beige	Bege
Blauw	Azul
Bruin	Marrom
Cyaan	Ciano
Fuchsia	Fuchsia
Geel	Amarelo
Grijs	Cinza
Groen	Verde
Magenta	Magenta
Oranje	Laranja
Paars	Roxo
Rood	Vermelho
Roze	Rosa
Sepia	Sépia
Wit	Branco
Zwart	Preto

Klimmen
Escalada

Atmosfeer	Atmosfera
Deskundige	Especialista
Fysiek	Físico
Gidsen	Guias
Grot	Caverna
Handschoenen	Luvas
Helm	Capacete
Hoogte	Altitude
Kaart	Mapa
Kracht	Força
Laarzen	Botas
Nieuwsgierigheid	Curiosidade
Smal	Estreito
Stabiliteit	Estabilidade
Terrein	Terreno
Uitdagingen	Desafios
Wandelen	Caminhada

Kunst
Arte

Beeldhouwwerk	Escultura
Complex	Complexo
Creëren	Criar
Eenvoudig	Simples
Eerlijk	Honesto
Figuur	Figura
Geïnspireerd	Inspirado
Humeur	Humor
Keramisch	Cerâmica
Onderwerp	Sujeito
Origineel	Original
Persoonlijk	Pessoal
Poëzie	Poesia
Portretteren	Retratar
Samenstelling	Composição
Schilderijen	Pinturas
Surrealisme	Surrealismo
Symbool	Símbolo
Uitdrukking	Expressão
Visueel	Visual

Kunstbenodigdheden
Material de Arte

Acryl	Acrílico
Aquarellen	Aquarelas
Borstels	Escovas
Camera	Câmera
Creativiteit	Criatividade
Ezel	Cavalete
Gom	Apagador
Houtskool	Carvão
Inkt	Tinta
Klei	Argila
Kleuren	Cores
Lijm	Cola
Olie	Óleo
Papier	Papel
Pastel	Pastels
Potloden	Lápis
Stoel	Cadeira
Tafel	Mesa
Verf	Tintas
Water	Água

Landen #2
Países #2

Denemarken	Dinamarca
Ethiopië	Etiópia
Frankrijk	França
Griekenland	Grécia
Ierland	Irlanda
Indonesië	Indonésia
Japan	Japão
Kenia	Quênia
Laos	Laos
Libanon	Líbano
Liberia	Libéria
Maleisië	Malásia
Mexico	México
Nepal	Nepal
Nigeria	Nigéria
Oeganda	Uganda
Oekraïne	Ucrânia
Rusland	Rússia
Somalië	Somália
Syrië	Síria

Landschappen
Paisagens

Berg	Montanha
Eiland	Ilha
Geiser	Geyser
Gletsjer	Geleira
Grot	Caverna
Heuvel	Colina
IJsberg	Iceberg
Meer	Lago
Moeras	Pântano
Oase	Oásis
Oceaan	Oceano
Rivier	Rio
Schiereiland	Península
Strand	Praia
Toendra	Tundra
Vallei	Vale
Vulkaan	Vulcão
Waterval	Cascata
Woestijn	Deserto
Zee	Mar

Literatuur
Literatura

Analogie	Analogia
Analyse	Análise
Anekdote	Anedota
Auteur	Autor
Biografie	Biografia
Conclusie	Conclusão
Dialoog	Diálogo
Fictie	Ficção
Gedicht	Poema
Mening	Opinião
Metafoor	Metáfora
Poëtisch	Poético
Rijm	Rima
Ritme	Ritmo
Roman	Romance
Stijl	Estilo
Thema	Tema
Tragedie	Tragédia
Vergelijking	Comparação
Verteller	Narrador

Meditatie
Meditação

Aandacht	Atenção
Aanvaarding	Aceitação
Ademhaling	Respirando
Beweging	Movimento
Dankbaarheid	Gratidão
Emoties	Emoções
Gedachten	Pensamentos
Geluk	Felicidade
Helderheid	Clareza
Houding	Postura
Mededogen	Compaixão
Mentaal	Mental
Muziek	Música
Natuur	Natureza
Observatie	Observação
Perspectief	Perspectiva
Stilte	Silêncio
Vrede	Paz
Vriendelijkheid	Bondade
Wakker	Acordado

Meer Informatie
Ficção Científica

Bioscoop	Cinema
Boeken	Livros
Brand	Fogo
Denkbeeldig	Imaginário
Dystopie	Distopia
Explosie	Explosão
Extreem	Extremo
Fantastisch	Fantástico
Futuristisch	Futurista
Illusie	Ilusão
Mysterieus	Misterioso
Orakel	Oráculo
Planeet	Planeta
Realistisch	Realista
Robots	Robôs
Scenario	Cenário
Sterrenstelsel	Galáxia
Technologie	Tecnologia
Utopie	Utopia
Wereld	Mundo

Menselijk Lichaam
Corpo Humano

Been	Perna
Bloed	Sangue
Elleboog	Cotovelo
Enkel	Tornozelo
Hand	Mão
Hart	Coração
Hersenen	Cérebro
Hoofd	Cabeça
Huid	Pele
Kaak	Mandíbula
Kin	Queixo
Knie	Joelho
Maag	Estômago
Mond	Boca
Nek	Pescoço
Neus	Nariz
Oor	Orelha
Schouder	Ombro
Tong	Língua
Vinger	Dedo

Metingen
Medições

Breedte	Largura
Byte	Byte
Centimeter	Centímetro
Decimaal	Decimal
Diepte	Profundidade
Gewicht	Peso
Graad	Grau
Gram	Grama
Hoogte	Altura
Inch	Polegada
Kilogram	Quilograma
Kilometer	Quilômetro
Lengte	Comprimento
Liter	Litro
Massa	Massa
Meter	Metro
Minuut	Minuto
Ons	Onça
Ton	Tonelada
Volume	Volume

Meubels
Móveis

Bank	Banco
Bed	Cama
Boekenkast	Estante
Bureau	Mesa
Dressoir	Cômoda
Fauteuil	Poltrona
Futon	Futon
Gordijnen	Cortinas
Hangmat	Maca
Kussen	Almofada
Kussens	Almofadas
Matras	Colchão
Planken	Prateleiras
Spiegel	Espelho
Stoel	Cadeira
Tapijt	Tapete

Muziekinstrumenten
Instrumentos Musicais

Banjo	Banjo
Cello	Violoncelo
Fagot	Fagote
Fluit	Flauta
Gitaar	Violão
Gong	Gongo
Harp	Harpa
Hobo	Oboé
Klarinet	Clarinete
Mandoline	Bandolim
Marimba	Marimba
Mondharmonica	Gaita
Percussie	Percussão
Piano	Piano
Saxofoon	Saxofone
Tamboerijn	Pandeiro
Trombone	Trombone
Trommel	Tambor
Trompet	Trompete
Viool	Violino

Mythologie
Mitologia

Archetype	Arquétipo
Bliksem	Relâmpago
Creatie	Criação
Cultuur	Cultura
Donder	Trovão
Doolhof	Labirinto
Gedrag	Comportamento
Held	Herói
Heldin	Heroína
Hemel	Céu
Jaloezie	Ciúmes
Kracht	Força
Krijger	Guerreiro
Legende	Lenda
Monster	Monstro
Onsterfelijkheid	Imortalidade
Ramp	Desastre
Sterfelijk	Mortal
Wezen	Criatura
Wraak	Vingança

Natuur
Natureza

Arctisch	Ártico
Bergen	Montanhas
Bijen	Abelhas
Bos	Floresta
Dieren	Animais
Dynamisch	Dinâmico
Erosie	Erosão
Gebladerte	Folhagem
Gletsjer	Geleira
Heiligdom	Santuário
Mist	Nevoeiro
Rivier	Rio
Schoonheid	Beleza
Schuilplaats	Abrigo
Sereen	Sereno
Tropisch	Tropical
Vitaal	Vital
Wild	Selvagem
Woestijn	Deserto
Wolken	Nuvens

Oceaan
Oceano

Aal	Enguia
Algen	Alga
Boot	Barco
Dolfijn	Golfinho
Garnaal	Camarão
Getijden	Marés
Haai	Tubarão
Koraal	Coral
Krab	Caranguejo
Kwal	Medusa
Octopus	Polvo
Oester	Ostra
Rif	Recife
Schildpad	Tartaruga
Spons	Esponja
Storm	Tempestade
Tonijn	Atum
Vis	Peixe
Walvis	Baleia
Zout	Sal

Om in te Vullen
Preencher

Bekken	Bacia
Buis	Tubo
Dienblad	Bandeja
Doos	Caixa
Emmer	Balde
Envelop	Envelope
Fles	Garrafa
Koffer	Mala
Lade	Gaveta
Mand	Cesta
Map	Pasta
Pakje	Pacote
Pot	Jar
Vaas	Vaso
Vat	Barril
Zak	Bolso

Piraten
Piratas

Anker	Âncora
Avontuur	Aventura
Bemanning	Tripulação
Eiland	Ilha
Gevaar	Perigo
Goud	Ouro
Grot	Caverna
Kaart	Mapa
Kapitein	Capitão
Kompas	Bússola
Legende	Lenda
Litteken	Cicatriz
Oceaan	Oceano
Papegaai	Papagaio
Rum	Rum
Schat	Tesouro
Slecht	Mau
Strand	Praia
Vlag	Bandeira
Zwaard	Espada

Regenwoud
Floresta Tropical

Amfibieën	Anfíbios
Behoud	Preservação
Botanisch	Botânico
Diversiteit	Diversidade
Gemeenschap	Comunidade
Inheems	Indígena
Insecten	Insetos
Jungle	Selva
Klimaat	Clima
Mos	Musgo
Natuur	Natureza
Overleving	Sobrevivência
Respect	Respeito
Restauratie	Restauração
Soort	Espécies
Toevlucht	Refúgio
Vogels	Pássaros
Waardevol	Valioso
Wolken	Nuvens
Zoogdieren	Mamíferos

Restaurant #1
Restaurante #1

Allergie	Alergia
Bord	Placa
Brood	Pão
Eten	Comer
Ingrediënten	Ingredientes
Kassier	Caixa
Keuken	Cozinha
Kip	Frango
Koffie	Café
Kom	Tigela
Menu	Menu
Mes	Faca
Pittig	Picante
Reservering	Reserva
Saus	Molho
Serveerster	Garçonete
Servet	Guardanapo
Toetje	Sobremesa
Vlees	Carne

Restaurant #2
Restaurante # 2

Cake	Bolo
Diner	Jantar
Drank	Bebida
Eieren	Ovo
Fruit	Fruta
Groente	Legumes
Heerlijk	Delicioso
Ijs	Gelo
Lepel	Colher
Lunch	Almoço
Noedels	Macarrão
Ober	Garçom
Salade	Salada
Soep	Sopa
Specerijen	Especiarias
Stoel	Cadeira
Vis	Peixe
Vork	Garfo
Water	Água
Zout	Sal

Rijden
Dirigindo

Auto	Carro
Brandstof	Combustível
Garage	Garagem
Gas	Gás
Gevaar	Perigo
Kaart	Mapa
Licentie	Licença
Motor	Motor
Motorfiets	Motocicleta
Ongeluk	Acidente
Politie	Polícia
Remmen	Freios
Snelheid	Rapidez
Straat	Rua
Tunnel	Túnel
Veiligheid	Segurança
Verkeer	Tráfego
Voetganger	Pedestre
Vrachtauto	Caminhão
Weg	Estrada

Schaken
Xadrez

Diagonaal	Diagonal
Kampioen	Campeão
Koning	Rei
Koningin	Rainha
Leren	Aprender
Offer	Sacrifício
Passief	Passivo
Punten	Pontos
Reglement	Regras
Spel	Jogo
Speler	Jogador
Strategie	Estratégia
Tegenstander	Oponente
Tijd	Tempo
Toernooi	Torneio
Uitdagingen	Desafios
Wedstrijd	Concurso
Wit	Branco
Zwart	Preto

School #1
Escola #1

Alfabet	Alfabeto
Antwoorden	Respostas
Bibliotheek	Biblioteca
Boeken	Livros
Bureau	Mesa
Cijfers	Números
Examens	Exames
Leraar	Professor
Leren	Aprender
Lunch	Almoço
Mappen	Pastas
Markeringen	Marcadores
Papier	Papel
Pennen	Canetas
Potlood	Lápis
Quiz	Questionário
Stoel	Cadeira
Vrienden	Amigos
Wiskunde	Matemática

School #2
Escola # 2

Academisch	Acadêmico
Bibliotheek	Biblioteca
Boeken	Livros
Bus	Ônibus
Computer	Computador
Gom	Apagador
Grammatica	Gramática
Kalender	Calendário
Leraar	Professor
Literatuur	Literatura
Onderwijs	Educação
Papier	Papel
Pennen	Canetas
Potlood	Lápis
Rugzak	Mochila
Schaar	Tesoura
Schoenen	Sapatos
Wetenschap	Ciência
Wiskunde	Matemática
Woordenboek	Dicionário

Specerijen
Especiarias

Anijs	Anis
Bitter	Amargo
Fenegriek	Feno-Grego
Gember	Gengibre
Kaneel	Canela
Kardemom	Cardamomo
Kerrie	Caril
Knoflook	Alho
Komijn	Cominho
Koriander	Coentro
Kruidnagel	Cravo
Nootmuskaat	Noz-Moscada
Paprika	Páprica
Saffraan	Açafrão
Smaak	Sabor
Ui	Cebola
Vanille	Baunilha
Venkel	Funcho
Zoet	Doce
Zout	Sal

Speelgoed
Brinquedos

Ambachten	Artesanato
Auto	Carro
Bal	Bola
Boeken	Livros
Boot	Barco
Drums	Bateria
Favoriet	Favorito
Fiets	Bicicleta
Games	Jogos
Klei	Argila
Pop	Boneca
Robot	Robô
Schaak	Xadrez
Verbeelding	Imaginação
Verf	Tintas
Vlieger	Pipa
Vliegtuig	Avião
Vrachtauto	Caminhão

Sport
Esportes

Atleet	Atleta
Basketbal	Basquete
Beweging	Movimento
Fiets	Bicicleta
Golf	Golfe
Gymnasium	Ginásio
Gymnastiek	Ginástica
Hockey	Hóquei
Honkbal	Beisebol
Kampioenschap	Campeonato
Scheidsrechter	Árbitro
Spel	Jogo
Speler	Jogador
Stadion	Estádio
Team	Equipe
Tennis	Tênis
Trainer	Treinador
Winnaar	Ganhador

Stad
Cidade

Apotheek	Farmácia
Bakkerij	Padaria
Bank	Banco
Bibliotheek	Biblioteca
Bioscoop	Cinema
Bloemist	Florista
Boekhandel	Livraria
Galerij	Galeria
Hotel	Hotel
Kliniek	Clínica
Luchthaven	Aeroporto
Markt	Mercado
Museum	Museu
Restaurant	Restaurante
School	Escola
Stadion	Estádio
Supermarkt	Supermercado
Theater	Teatro
Universiteit	Universidade
Winkel	Loja

Strand
Praia

Blauw	Azul
Boot	Barco
Dok	Doca
Eiland	Ilha
Handdoek	Toalha
Krab	Caranguejo
Kust	Costa
Lagune	Lagoa
Oceaan	Oceano
Paraplu	Guarda-Chuva
Rif	Recife
Sandalen	Sandálias
Zand	Areia
Zee	Mar
Zeilboot	Veleiro
Zon	Sol

Surfen
Surf

Atleet	Atleta
Beginner	Principiante
Extreem	Extremo
Golf	Onda
Kampioen	Campeão
Kracht	Força
Maag	Estômago
Menigte	Multidões
Oceaan	Oceano
Populair	Popular
Rif	Recife
Schuim	Espuma
Snelheid	Rapidez
Stijl	Estilo
Strand	Praia
Weer	Tempo

Technologie
Tecnologia

Bericht	Mensagem
Bestand	Arquivo
Blog	Blog
Browser	Navegador
Bytes	Bytes
Camera	Câmera
Computer	Computador
Cursor	Cursor
Digitaal	Digital
Gegevens	Dados
Internet	Internet
Lettertype	Fonte
Onderzoek	Pesquisa
Scherm	Tela
Software	Software
Statistiek	Estatísticas
Veiligheid	Segurança
Virtueel	Virtual
Virus	Vírus

Tijd
Tempo

Dag	Dia
Decennium	Década
Eeuw	Século
Gisteren	Ontem
Jaar	Ano
Jaarlijks	Anual
Kalender	Calendário
Klok	Relógio
Maand	Mês
Middag	Meio-Dia
Minuut	Minuto
Na	Depois
Nacht	Noite
Nu	Agora
Ochtend	Manhã
Toekomst	Futuro
Uur	Hora
Vandaag	Hoje
Vroeg	Cedo
Week	Semana

Tuin
Jardim

Bank	Banco
Bloem	Flor
Bodem	Solo
Boom	Árvore
Boomgaard	Pomar
Garage	Garagem
Gazon	Gramado
Gras	Grama
Hangmat	Maca
Hark	Ancinho
Hek	Cerca
Schop	Pá
Slang	Mangueira
Struik	Arbusto
Terras	Terraço
Trampoline	Trampolim
Tuin	Jardim
Veranda	Varanda
Vijver	Lagoa
Wijnstok	Videira

Vakantie #2
Férias #2

Bergen	Montanhas
Bestemming	Destino
Buitenlander	Estrangeiro
Eiland	Ilha
Hotel	Hotel
Kaart	Mapa
Kamperen	Acampamento
Luchthaven	Aeroporto
Paspoort	Passaporte
Reis	Viagem
Reserveringen	Reservas
Restaurant	Restaurante
Strand	Praia
Taxi	Táxi
Tent	Tenda
Vakantie	Feriado
Vervoer	Transporte
Visum	Visto
Vrije Tijd	Lazer
Zee	Mar

Verjaardag
Aniversário

Blij	Alegre
Cake	Bolo
Dag	Dia
Geboren	Nascer
Gelukkig	Feliz
Geschenk	Dom
Jaar	Ano
Jong	Jovem
Kaarsen	Velas
Kaarten	Cartões
Kalender	Calendário
Leren	Aprender
Lied	Canção
Speciaal	Especial
Tijd	Tempo
Uitnodigingen	Convites
Viering	Celebração
Vrienden	Amigos
Wijsheid	Sabedoria

Vissen
Pesca

Aas	Isca
Apparatuur	Equipamento
Boot	Barco
Draad	Fio
Geduld	Paciência
Gewicht	Peso
Haak	Gancho
Kaak	Mandíbula
Kieuwen	Brânquias
Kok	Cozinhar
Mand	Cesta
Meer	Lago
Oceaan	Oceano
Overdrijving	Exagero
Rivier	Rio
Seizoen	Temporada
Strand	Praia
Vinnen	Barbatanas
Water	Água

Vliegtuigen
Aviões

Afdaling	Descida
Atmosfeer	Atmosfera
Avontuur	Aventura
Ballon	Balão
Bemanning	Tripulação
Bouw	Construção
Brandstof	Combustível
Geschiedenis	História
Hemel	Céu
Hoogte	Altura
Landen	Aterrissagem
Lucht	Ar
Motor	Motor
Navigeren	Navegar
Passagier	Passageiro
Piloot	Piloto
Propellers	Hélices
Richting	Direção
Turbulentie	Turbulência
Waterstof	Hidrogênio

Voeding
Nutrição

Bitter	Amargo
Calorieën	Calorias
Dieet	Dieta
Eetbaar	Comestível
Eetlust	Apetite
Eiwitten	Proteínas
Evenwichtig	Equilibrado
Fermentatie	Fermentação
Gewicht	Peso
Gezond	Saudável
Gezondheid	Saúde
Koolhydraten	Carboidratos
Kwaliteit	Qualidade
Saus	Molho
Smaak	Sabor
Spijsvertering	Digestão
Toxine	Toxina
Vitamine	Vitamina
Vloeistoffen	Líquidos
Voedingsstof	Nutriente

Voertuigen
Veículos

Ambulance	Ambulância
Auto	Carro
Banden	Pneus
Bestelwagen	Furgão
Boot	Barco
Bus	Ônibus
Caravan	Caravana
Fiets	Bicicleta
Helikopter	Helicóptero
Metro	Metrô
Motor	Motor
Onderzeeër	Submarino
Raket	Foguete
Scooter	Lambreta
Taxi	Táxi
Tractor	Trator
Veerboot	Balsa
Vliegtuig	Avião
Vlot	Jangada
Vrachtauto	Caminhão

Vogels
Pássaros

Duif	Pombo
Eend	Pato
Ei	Ovo
Flamingo	Flamingo
Gans	Ganso
Kip	Frango
Koekoek	Cuco
Kraai	Corvo
Meeuw	Gaivota
Mus	Pardal
Ooievaar	Cegonha
Papegaai	Papagaio
Pauw	Pavão
Pelikaan	Pelicano
Pinguïn	Pinguim
Reiger	Garça
Struisvogel	Avestruz
Toekan	Tucano
Uil	Coruja
Zwaan	Cisne

Vormen
Formas

Bol	Esfera
Boog	Arco
Cilinder	Cilindro
Cirkel	Círculo
Curve	Curva
Driehoek	Triângulo
Hoek	Canto
Hyperbool	Hipérbole
Kant	Lado
Kegel	Cone
Kubus	Cubo
Lijn	Linha
Ovaal	Oval
Piramide	Pirâmide
Prisma	Prisma
Rechthoek	Retângulo
Veelhoek	Polígono
Vierkant	Quadrado

Wandelen
Caminhada

Berg	Montanha
Dieren	Animais
Gevaren	Perigos
Kaart	Mapa
Kamperen	Acampamento
Klif	Penhasco
Klimaat	Clima
Laarzen	Botas
Moe	Cansado
Muggen	Mosquitos
Natuur	Natureza
Oriëntatie	Orientação
Parken	Parques
Stenen	Pedras
Top	Cume
Voorbereiding	Preparação
Water	Água
Wild	Selvagem
Zon	Sol
Zwaar	Pesado

Water
Água

Douche	Chuveiro
Drinkbaar	Potável
Geiser	Geyser
Golven	Ondas
Ijs	Gelo
Irrigatie	Irrigação
Kanaal	Canal
Meer	Lago
Moesson	Monção
Oceaan	Oceano
Orkaan	Furacão
Overstroming	Inundação
Regen	Chuva
Rivier	Rio
Sneeuw	Neve
Stoom	Vapor
Verdamping	Evaporação
Vochtigheid	Umidade
Vorst	Geada

Weersomstandigheden
Clima

Atmosfeer	Atmosfera
Bliksem	Relâmpago
Donder	Trovão
Droogte	Seca
Hemel	Céu
Ijs	Gelo
Klimaat	Clima
Mist	Nevoeiro
Moesson	Monção
Orkaan	Furacão
Overstroming	Inundação
Polair	Polar
Regenboog	Arco-Íris
Storm	Tempestade
Temperatuur	Temperatura
Tornado	Tornado
Tropisch	Tropical
Vochtig	Úmido
Wind	Vento
Wolk	Nuvem

Wetenschap
Ciência

Atoom	Átomo
Chemisch	Químico
Deeltjes	Partículas
Evolutie	Evolução
Experiment	Experiência
Feit	Fato
Fossiel	Fóssil
Gegevens	Dados
Hypothese	Hipótese
Klimaat	Clima
Laboratorium	Laboratório
Methode	Método
Mineralen	Minerais
Moleculen	Moléculas
Natuur	Natureza
Natuurkunde	Física
Observatie	Observação
Organisme	Organismo
Wetenschapper	Cientista
Zwaartekracht	Gravidade

Wetenschappelijke Discip
Disciplinas Científicas

Anatomie	Anatomia
Archeologie	Arqueologia
Astronomie	Astronomia
Biochemie	Bioquímica
Biologie	Biologia
Chemie	Química
Ecologie	Ecologia
Fysiologie	Fisiologia
Geologie	Geologia
Immunologie	Imunologia
Mechanica	Mecânica
Meteorologie	Meteorologia
Mineralogie	Mineralogia
Neurologie	Neurologia
Plantkunde	Botânica
Psychologie	Psicologia
Robotica	Robótica
Sociologie	Sociologia
Thermodynamica	Termodinâmica
Voeding	Nutrição

Wiskunde
Matemática

Decimaal	Decimal
Diameter	Diâmetro
Divisie	Divisão
Driehoek	Triângulo
Exponent	Expoente
Fractie	Fração
Geometrie	Geometria
Hoeken	Ângulos
Loodrecht	Perpendicular
Omtrek	Perímetro
Parallel	Paralelo
Parallellogram	Paralelogramo
Rechthoek	Retângulo
Rekenkundig	Aritmética
Som	Soma
Symmetrie	Simetria
Veelhoek	Polígono
Vergelijking	Equação
Vierkant	Quadrado
Volume	Volume

Zomer
Verão

Boeken	Livros
Duiken	Mergulho
Familie	Família
Games	Jogos
Huis	Casa
Kamperen	Acampamento
Muziek	Música
Ontspanning	Relaxamento
Reis	Viagem
Sandalen	Sandálias
Sterren	Estrelas
Strand	Praia
Tuin	Jardim
Vreugde	Alegria
Vrienden	Amigos
Vrije Tijd	Lazer
Zee	Mar

Zoogdieren
Mamíferos

Aap	Macaco
Bever	Castor
Coyote	Coiote
Dolfijn	Golfinho
Ezel	Burro
Geit	Cabra
Giraf	Girafa
Gorilla	Gorila
Hond	Cão
Kameel	Camelo
Kangoeroe	Canguru
Kat	Gato
Konijn	Coelho
Leeuw	Leão
Olifant	Elefante
Paard	Cavalo
Stier	Touro
Vos	Raposa
Walvis	Baleia
Wolf	Lobo

Gefeliciteerd

Je hebt het gehaald!

We hopen dat u net zoveel plezier beleeft aan dit boek als wij aan het maken ervan. We doen ons best om spellen van hoge kwaliteit te maken.
Deze puzzels zijn op een slimme manier ontworpen zodat je actief kunt leren terwijl je plezier hebt!

Vond je ze mooi?

Een Eenvoudig Verzoek

Onze boeken bestaan dankzij de recensies die zij publiceren.
Kunt u ons helpen door nu een mening achter te laten ?

Hier is een korte link die u naar uw
bestellingen beoordelingspagina.

BestBooksActivity.com/Recensie50

FINAAL UITDAGING!

Uitdaging nr. 1

Klaar voor uw bonusspel? We gebruiken ze de hele tijd, maar ze zijn niet zo gemakkelijk te vinden. Hier zijn **Synoniemen!**

Noteer 5 woorden die je ontdekt hebt in elk van de onderstaande puzzels (nr. 21, nr. 36, nr. 76) en probeer voor elk woord 2 synoniemen te vinden.

Notitie 5 Woorden uit *Puzzle 21*

Woorden	Synoniem 1	Synoniem 2

Notitie 5 Woorden uit *Puzzle 36*

Woorden	Synoniem 1	Synoniem 2

Notitie 5 Woorden uit *Puzzle 76*

Woorden	Synoniem 1	Synoniem 2

Uitdaging nr. 2

Nu je opgewarmd bent, noteer 5 woorden die je ontdekt hebt in elke hieronder genoteerde puzzel (nr. 9, nr. 17, nr. 25) en probeer voor elk woord 2 antoniemen te vinden. Hoeveel regels kan je doen in 20 minuten?

Notitie 5 Woorden uit **Puzzle 9**

Woorden	Antoniem 1	Antoniem 2

Notitie 5 Woorden uit **Puzzle 17**

Woorden	Antoniem 1	Antoniem 2

Notitie 5 Woorden uit **Puzzle 25**

Woorden	Antoniem 1	Antoniem 2

Uitdaging nr. 3

Prachtig, deze finaal uitdaging  is makkelijk voor jou!

Klaar voor de laatste? Kies je 10 favoriete woorden die je in een van de puzzels hebt ontdekt en noteer ze hieronder.

1.	6.
2.	7.
3.	8.
4.	9.
5.	10.

De uitdaging is nu om met deze woorden en binnen een maximum van zes zinnen een tekst te schrijven over een persoon, dier of plaats waar je van houdt!

Tip: U kunt de laatste blanco pagina van dit boek als kladblaadje gebruiken!

Je schrijven:

NOTITIEBOEKJE:

TOT SNEL!

Linguas Classics